인생이라는 악보위에서

인생이라는 악보 위에서
25년 차 음악학원장이 전하는 **도전**과 **성장** 이야기

초 판 1쇄 2025년 06월 27일

지은이 강숙아
펴낸이 류종렬

펴낸곳 미다스북스
본부장 임종익
편집장 이다경, 김가영
디자인 임인영, 윤가희
책임진행 김은진, 이예나, 김요섭, 안채원, 이예준

등록 2001년 3월 21일 제2001-000040호
주소 서울시 마포구 양화로 133 서교타워 711호
전화 02) 322-7802~3
팩스 02) 6007-1845
블로그 http://blog.naver.com/midasbooks
전자주소 midasbooks@hanmail.net
페이스북 https://www.facebook.com/midasbooks425
인스타그램 https://www.instagram.com/midasbooks

© 강숙아, 미다스북스 2025, *Printed in Korea.*

ISBN 979-11-7355-301-1 03190

값 18,500원

※ 파본은 구입하신 서점에서 교환해드립니다.
※ 이 책에 실린 모든 콘텐츠는 미다스북스가 저작권자와의 계약에 따라 발행한 것이므로 인용하시거나 참고하실 경우 반드시 본사의 허락을 받으셔야 합니다.

미다스북스는 다음세대에게 필요한 지혜와 교양을 생각합니다.

25년 차 음악학원장이 전하는 **도전**과 **성장** 이야기

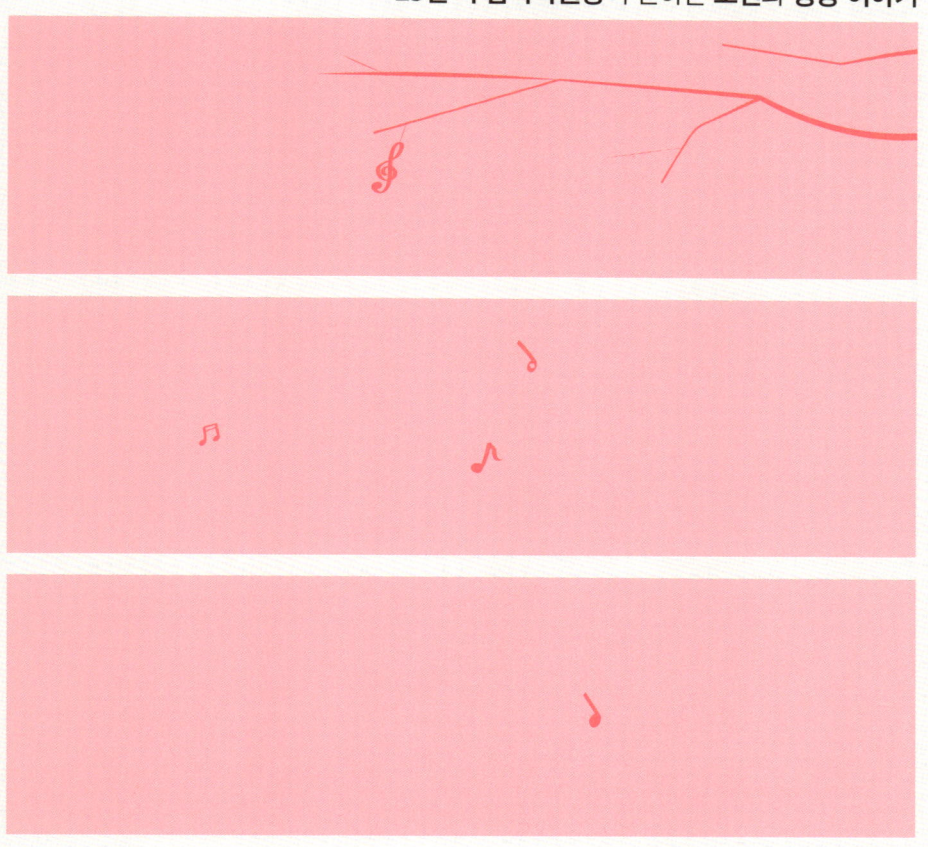

인생이라는
악보 위에서

강숙아 지음

미다스북스

들어가는 글   8

1장   인생의 새 악보를 펼쳐라

[1] 쉼표에 머물지 말고 연주하라   15

[2] 오해와 편견을 넘어 나를 키우는 힘   21

[3] 목록을 꺼내라, 인생을 작곡하라   27

[4] 일상을 넘어 모험하라   33

[5] 불협화음을 두려워 말라   38

[6] 열정의 화음, 다시 울리라   43

[7] 생각을 바꾸면 삶도 달라진다   49

[8] 습관을 연습곡 삼아라   55

2장   꿈을 현실로 바꾸어라

[1] 비전을 그려 실행하라   63

[2] 한 번 꺾였을 뿐, 끝나지 않았다   69

[3] 인생의 든든한 지원군   74

[4] 포기란 없다, 그것은 선택지가 아니다   79

[5] 좌절을 배움으로 전환하라   84

[6] 맨땅에서도 연주하라   89

[7] 목표를 써서 리듬을 만들자   94

[8] 성취의 코다를 울려라   99

3장 가능성에 눈 뜨고, 지금 다시 시작하라

- [1] 배움에는 마침표가 없다 — 107
- [2] 지금이 가장 빠른 출발점이다 — 112
- [3] 오늘도 한 페이지를 넘겨라 — 117
- [4] 무대 위의 지휘봉 — 122
- [5] 가르치며 느끼는 즐거움을 껴안아라 — 127
- [6] 숨은 멜로디를 깨워라 — 132
- [7] 즐거움을 원동력으로 삼아라 — 137
- [8] 오늘, 당신의 삶은 조율되었나 — 143

4장 인생이라는 악보 위에서

- [1] 새로운 경험이 젊음의 비결 — 151
- [2] 삶의 나침판을 달아라 — 156
- [3] 여행으로 템포를 넓혀라 — 161
- [4] 작은 것에서 하모니를 찾아라 — 167
- [5] 의미 있는 사람 만나기 — 173
- [6] 울림을 다시 나누자 — 178
- [7] 시대를 넘어 음악으로 소통하자 — 183
- [8] 삶을 연주하고, 흔적을 남겨라 — 188

5장 순간을 즐기며 나답게 살아가라

[1] 감정의 건반을 두드리다   195
[2] 나를 위한 조율, 균형을 맞추다   200
[3] 느려도 괜찮아, 나답게 연주하자   206
[4] 새로운 꿈을 꾸다   211
[5] 인내의 멜로디   216
[6] 일상에서의 하모니   222
[7] 경험의 화음을 쌓자   227
[8] 지금, 여기가 가장 빛나는 무대다   232

마치는 글   237

들어가는 글

오랫동안 '꿈'이라는 단어를 가슴속 깊이 묻어두고 살았다. 가정과 생계를 위해 충실해야 했다. 언제나 타인의 필요를 먼저 챙겨야 했다. 그러다 보니 진정으로 원하는 것이 무엇인지 고민할 겨를조차 없었다. 하지만 인생은 늘 예상치 못한 방향으로 흐른다.

사람마다 각자의 인생 악보가 있다. 어떤 이는 활기찬 행진곡으로, 또 어떤 이는 고요한 자장가로 삶을 연주해간다. 어떤 날은 날카로운 불협화음이 울리기도 하고, 어떤 계절엔 아무것도 들리지 않는 쉼표의 시간만 길게 이어지기도 한다. 그러나 그 모든 음 하나하나가 모여 결국 음악이 된다. 삶의 악보에는 잘 맞춰낸 연주도 있지만, 때로는 악보를 잃어버리고 방황하거나, 음표 없이 건반만 두드린 날들도 있었다. 하지만 돌아보면 그 모든 순간이 소중했다. 울었던 시간, 멈춰 섰던 시간, 다시 리듬을 되찾은 순간까지 모두가 나다운 음악을 만들어 주었기 때문이다.

이 책은 인생을 '연주'라는 은유로 풀어낸 나의 기록이자 고백이다. 누구나 주어진 리듬 속에 살아간다. 그러나 그 리듬이 전부일까? 꼭 정해진 박자에 맞춰야만 잘 사는 걸까? "아니다"라고 말하고 싶다. 삶이 늘 조화롭기만 할 수 없고, 불완전한 음들이 있어야 음악은 더욱 진해진다. 이 책을 통해 전하고 싶었다. 당신도 당신의 방식으로 삶을 연주할 수 있다고. 박자에서 자유로워지고, 때론 모험을 감행하며, 울림을 다시 만들어가야 한다고.

1장 '인생의 새 악보를 펼쳐라'는 일상의 반복 속에서도 새로운 리듬을 찾을 수 있다는 믿음에서 출발했다. 쉼표 같은 시간에 머물지 말고, 용기 있게 건반을 두드리는 사람에게 인생은 다시 멜로디를 허락한다. 평소 무심코 지나치는 작은 감정, 습관, 생각의 전환이 얼마나 큰 선율을 만들어낼 수 있는지를 함께 나누고 싶었다.

2장 '꿈을 현실로 바꾸어라'에는 좌절과 실패를 다시 연주하게 되는 이야기들이 담겨 있다. 누구나 삶의 악보가 찢기듯 상처받는 순간이 있다. 하지만 그 조각들을 다시 이어 붙이고 연주해낼 때, 당신만의 음악을 만들 수 있다. 경험한 무너짐과 재시작, 그리고 그것이 결국 또 하나의 코다가 되는 여정을 들려주고 싶었다.

3장 '가능성에 눈 뜨고, 지금 다시 시작하라'는 삶에서 배움이 얼마나 큰 전환의 동력이 되었는지를 담았다. 인생의 어느 시점에도 배움은 늦지 않다. 가르치고 배우며 느끼는 기쁨, 늦깎이로 시작한 일들에서 발견한 즐거움은 삶의 새로운 리듬을 만들어 주었다. 누구나 배움의 길 위에서 다시 연주를 시작할 수 있다.

4장 '인생이라는 악보 위에서'는 경험과 관계, 그리고 세상을 향한 울림에 대한 이야기다. 세대와 시대를 뛰어넘는 공감의 음악. 내 안에만 머무르던 울림이 바깥으로 퍼져나갈 때, 삶은 더욱 풍성해졌다. 결국 인생이란 '함께 만드는 교향곡'이라는 생각을 다시금 하게 된다.

5장 '순간을 즐기며 나답게 살아가라'는 지금 이 순간, 내 안의 음악을 믿고 나답게 사는 삶을 이야기한다. 지나온 시간을 돌아보면 보이지 않던 길이 보이고, 나를 위한 조율이 필요했던 이유도 이해하게 된다. 그리고 결국, 지금 이 자리가 가장 빛나는 무대라는 사실을 받아들이게 된다.

이 책은 살면서 경험한 보통의 이야기이고, 당신의 삶에도 충분히 이어질 수 있는 음악이다. 누구나 실수하고 흔들리며, 다시 리듬을 되찾는다. 이제, 당신의 손에 인생의 새 악보가 들려 있다. 그 안에 어떤 음표를 채워갈지는 당신의 몫이다. 꼭 완벽할 필요는 없다. 가끔은 리듬이 어긋나도, 때로는 엉뚱한 화음이 나더라도 괜찮다. 중요한 건 당신만의 박자로 살아가고 있다는 것이다.

"당신의 꿈은 무엇인가?"

꿈을 잊고 살았다면, 이제 다시 떠올려보자. 그것이 무엇이든 진심으로 원하고 노력한다면 충분히 현실이 될 수 있다. 변화는 작은 결실에서 시작된다. 그 결실이 모여 어느 순간 새로운 길로 이끌 것이다. 살면서 수많은 도전과 변화를 맞이했다. 어떤 때는 선택의 기로에서 망설였고, 또 어떤 순간에는 예상치 못한 시련에 흔들리기도 했다. 때로는 실패가 두려워 주저앉고 싶었다. 변화가 낯설어 익숙한 틀 안에 머무르고 싶을 때도 있었다. 그러나 돌이켜보니, 가장 큰 성장은 바로 그 도전과 변화 속에서 이루어졌다는 사실을 깨닫게 되었다. 그리고 한 가지 분명한 건 "중년 이후의 삶이야말로 진정한 모험의 시작"이라는 것이다. 흔히 중년에 접어들면 이제는 안정을 추구해야 한다고 생각한다. 무언가를 새롭게 시작하기보다는, 지금까지 쌓아온 것들을 지키고 유지하는 것이 최선이라고. 하지만 오히려 중년이야말로 새로운 꿈을 꾸고, 스스로 삶을 다시 디자인할 수 있는 가장 좋은 시기라고 믿는다. 당신이 정말 원하는 것이 무엇인지 찾아가는 과정이야말로 인생에서 가장 가치 있는 여정이 아닐까?

버킷리스트를 작성하며 새로운 목표를 부여하는 방법, 작은 변화에서부터 모험을 시작하는 법, 그리고 변화에 대한 두려움을 극복하는 과정 등을 함께 나누고자 한다. 직접 경험한 이야기들을 통해 당신이 공감할 수 있는 현실적인 조언을 담고자 했다. 변화는 거창한 것에서 시작되는 것이 아니다. 매일의 작은 습관이 모여 인생의 전환점을 만들어낸다.

힘든 시기에 음악을 통해 새로운 삶을 시작할 수 있었다. 오랜 시간 꿈꿔왔던 음악학원을 운영하며 수많은 시행착오를 겪었다. 예상치 못한 난관에 부딪히기도 했다. 때로는 한계를 느끼며 포기하고 싶은 순간도 있었지만, 꾸준히 나아갔다. 목표를 향해 매일 한 걸음씩 나아가는 과정, 그리고 가르치며 얻은 기쁨과 깨달음을 이 책에서 나누고자 한다. 음악이 당신의 삶을 변화시키는 힘을 가지고 있다고 믿는다. 그리고 그 힘을 통해 나 역시 새로운 인생을 살아가고 있다.

삶의 변화를 꿈꾸는 당신에게 용기와 영감을 주는 책이 되기를 바란다. 중년 이후에도 여전히 성장할 수 있다는 것을 증명하고 싶었다. 이 책을 읽는 당신도 새로운 도전을 향해 한 걸음 내디디길 바란다. 중요한 것은 나이가 아니다. 어떤 마음가짐으로 오늘을 살아가느냐가 당신 인생을 결정짓는다.

단순히 꿈을 꾸라는 이야기에서 멈추지 않는다. 어떻게 하면 그 꿈을 현실로 만들 수 있을지에 대한 경험과 구체적인 방법을 담고 있다. 목표를 설정하고, 현실적인 계획을 세우며, 포기하지 않고 나아가는 과정이야말로 진정한 모험이다. 변화는 결코 거창한 것이 아니다. 일상에서 작은 모험을 선택하는 순간부터 시작된다. 이 책을 통해 당신의 가능성을 발견하고, 새로운 도전에 나설 용기를 얻기 바란다. 인생은 한 번뿐이다. 그리고 그 한 번뿐인 인생을 어떻게 살아갈지는 당신의 선택에 달려 있다.

작가 **강숙아**

1장

인생의 새 악보를 펼쳐라

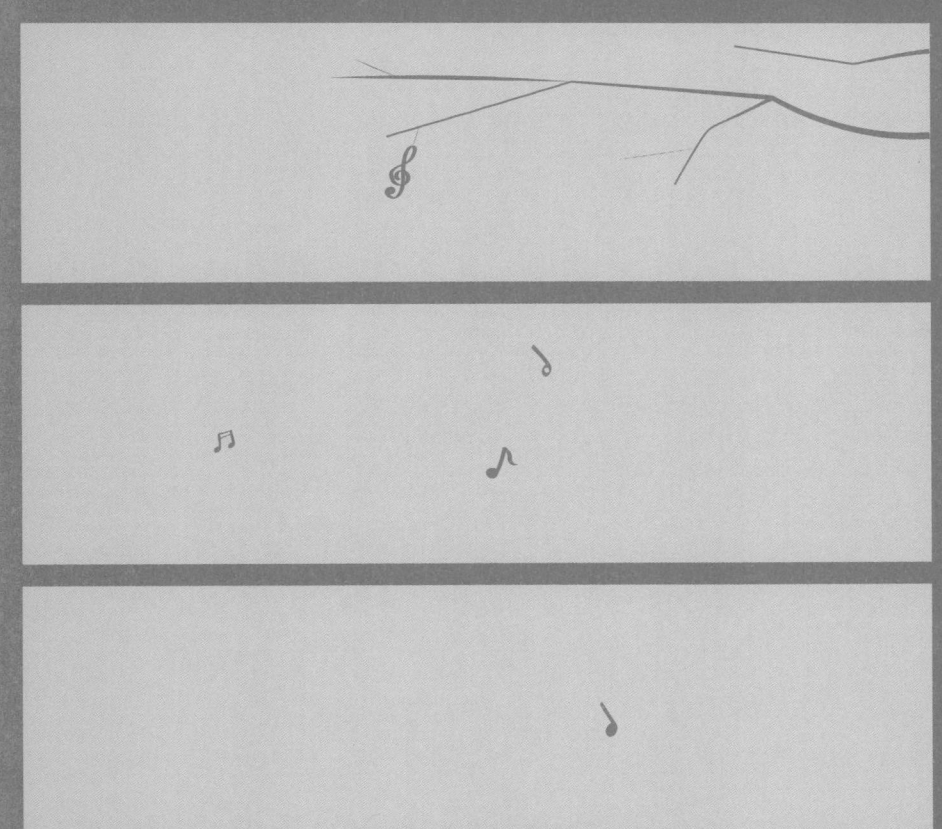

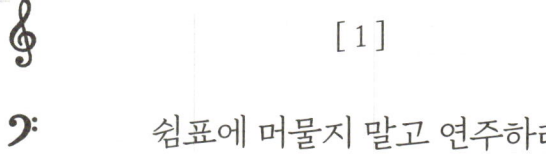

[1]
쉼표에 머물지 말고 연주하라

"매일 반복되는 일상에 지쳐 꿈을 꾸는 것을 잊어버렸는가? 당신 삶에 활력을 불어넣어 줄 꿈을 찾아보자."

최근 연구 결과에 따르면, 중년 이후 새로운 것을 배우는 것이 뇌 건강에 긍정적인 영향을 미친다고 한다. 늦었다고 생각할 때가 가장 빠른 법이다. 혹시! 이 나이에 무슨 꿈이냐? 라는 생각에 스스로를 막고 있지는 않은가? 아니면 주변 시선 때문에 꿈을 포기해야 했던 경험이 있는가? 이 나이에 배워 뭐해? 이런 말을 들을 때면 괜히 마음이 서늘해진다. 나이 들어 새로운 경험을 시작하는 걸 부끄러워할 필요는 없다. 배움은 언제나 삶을 새롭게 만드는 힘이니까.

앞만 보고 살다가 겨우 50대 후반이 돼서야 경제적, 시간적인 여유가 생겼다. 댄스를 배운 적이 있다. 댄스에는 관심조차 없었던 나였다. 작년에 친구가 배워보자고 했다. 평소에 배우는 걸 좋아했다.

하지만 낯설고 생소했다. 음악학원을 20년 이상 운영하고 있어서 여러 악기를 다루는 데에만 시간과 돈을 투자했다. 댄스는 관심이 없었던 부분이라 처음에 망설였다. '과연 내가 할 수 있을까?', '그래도 한번 배워보자.' 하고 호기심을 갖고 배우기 시작했다. 댄스 동작을 따라 하는 게 어려웠다. 그래서 강사가 하는 동작을 핸드폰으로 촬영하고 집에 와서 연습했다. 학습자들 대부분 연령층이 높았다. 그렇지만 오랫동안 배워왔던 어르신들이다. '저렇게 출 수 있을까?' 스스로 질문하면서 부러워했다. 수업이 끝나면 그들에게 동작 하나하나를 배우기 시작했다. 1년이 지나자 그들과 어깨를 나란히 했다. 시간이 지나면서 음악에 몸을 맡겨 추는 행위가 재미있었다. 자이브, 차차차 댄스를 배우는 게 흥미롭게 느껴졌다. 가끔 주변에서 춤을 잘 추는 사람을 볼 때 부러워했던 적도 있다. 댄스는 먼 나라 사람들의 이야기라 생각했다. 마음은 있었지만, 그건 생각일 뿐 실행하지 못했다. 댄스를 배우기 시작하면서 자신감이 생겼다.

 2024년 여름은 유난히도 더웠다. 친구랑 이호마을 '태양호 식당'에 가서 자리물회를 주문했다. 주인장이 직접 배를 타고 바다에 나가 자리돔을 잡아 온다. 그렇게 잡은 신선한 생선을 바로 손질해 손님상에 올린다. 정성과 손맛이 가득한, 진짜 바다의 맛을 느낄 수 있는 식당이다. 가격이 부담 없고 맛도 좋아서 여름이면 가끔 가는 곳이다. 식사를 마친 뒤에 소화도 시킬 겸 가까운 이호 테우 해수욕장에 들러 바닷바람을 쐬며 산책을 즐기곤 했다.

　무더운 한여름 밤 더위를 식히려는 사람들로 발 디딜 틈이 없었다. 바닷물에 발이 잠길 정도로 최대한 바다와 가까이 접해서 걸었다. 어디선가 쩌렁쩌렁한 사회자 멘트 소리가 들렸다. 한여름 밤 축제 행사를 진행하고 있었다. 발걸음이 행사장 쪽으로 향했다. 왠지 모를 음악 소리에 끌렸다. 순간 작년 여름에 이곳에서 우쿨렐레 공연 했던 기억이 새록새록 했다. 입가에 옅은 미소를 지었다. 의자에 앉기가 무섭게 갑자기 사회자가 퀴즈를 내기 시작했다. 순간 호기심이 발동했다.

　퀴즈는 10문제였다. 적극적으로 참여했다. 정답 다 맞힌 사람은 6명이었다. 필자도 그중 1명이다. 초등학생과 대학생 등 다양한 연령층이다. 무대 앞으로 나오라고 했다. '뭐지?'라고 생각하며 앞으로 나가고 있는데 다시 춤을 추라는 사회자 멘트가 들렸다. 순간 망설였다. 마음은 무대 앞으로 나가라고 신호했다. 용기를 준 건 어둠과 반짝이는 조명이었다. 그리고 모자를 쓰고 있어서 '아무도 알아보지 못하겠구나'라고 생각했다. 음악에 맞춰 춤을 췄다. 1등에게만 상품권을 준다고 했다. '그냥 자리로 들어가 버릴까?'라는 생각도 잠시, 음악 소리가 나오자마자 지금까지 배운 댄스를 쉬지 않고 췄다. 의식적인 춤이었다기보다 내 팔과 다리를 비롯한 몸이 음악에 반응한 것이었다. 대중들 앞에서 춤을 출 거라고 상상해 본 적이 없었다.

2~3분 후 음악이 멈췄다. 사회자는 예정대로 1등을 가르는 멘트를 했다.

"두구 두구 두구"

  심장이 요란하게 뛰었다. 사람들 앞에서 춤을 춘다는 게 쉽지 않았다. 그 순간만큼은 그저, '해냈다'는 뿌듯함 하나로도 충분했다. 뜻밖에도, 사회자의 손은 나를 가리키며 1등이라고 하는 게 아닌가. 순간 눈을 의심했다. 1등은 생각조차 못 했던 일이라, 얼떨떨하고 꿈같았다. '어찌 이런 일이!'라고 외치며 마치 오랜만에 만난 아이들처럼 서로를 꼭 안고 한참을 웃었다. 1만 원권 온누리 상품권이었다. 행사장을 빠져나왔다. 곧바로 근처 편의점에 가서 시원한 아이스크림을 먹으면서 깔깔댔다. 이런 게 소소한 행복이 아닐까. 2024년 여름, 그곳에서의 추억은 잊지 못할 것이다.

  어떻게 이런 용기가 생겼을까? 댄스를 배우면서 자신감이 높아졌고, 생활의 활력소가 되었다. 요즘 또 새로운 꿈을 꾸고 있다. 다소 늦은 감은 있지만 '늦었다고 생각할 때가 가장 빠른 때'라 생각한다. 스쳐 지나갔을 평범한 일상 속 장면들이 자꾸 눈에 들어온다. 별생각 없이 지나치던 거리, 책을 읽고 생각을 정리하면서 쓰는 일이 재미있다.

새로운 도전을 두려워하지 않았으면 좋겠다. 나이에 상관없이 꿈을 이루려는 노력은 삶에 활력을 주고 자신감을 키워준다. 새로운 걸 도전하는 당신에게 전한다. 첫째, 나이는 숫자에 불과하다. 늦었다고 생각하지 말자. 인생에서 새로운 것을 시작하는 것이 늦을 때란 없다. 위에서도 말했듯이 인생의 또 다른 목표, 글쓰기에 도전 중이다. 둘째, 작은 것부터 시도해 보자. 중년 이후에 댄스를 처음 배웠던 것처럼. 가벼운 취미나 활동에 도전하는 것이 좋다. 처음에 어색하고 어려울 수 있지만, 계속 도전하다 보면 그 과정에서 즐거움과 성취감을 느낀다. 작은 변화가 쌓여 큰 변화를 만들어낸다. 셋째, 새로운 꿈을 꾸고 그것을 향해 한 걸음 나아가 보자. 굳이 댄스가 아니어도 좋다. 당신에게 맞는 활동을 하는 게 좋다. 취미를 찾고 그것에 몰두하면 모든 순간이 의미가 있다. 당신이 무엇을 좋아하는지 탐색하고, 그것을 시도해 보자.

🎼 실천 사항

☑ **망설이지 말고 작은 도전을 시작해 보자**
　　낯설고 어색해도 괜찮다. 호기심이 생겼다면 그 마음만으로도 충분한 이유가 된다. 한 번쯤 생각했던 운동, 취미, 모임… 어떤 것이든 작게라도 시작해 보자. 그 한 걸음이 일상에 활력을 불어넣는다.

☑ **하루 10분, 글쓰기로 마음을 정리해 보자**
　　특별한 주제가 없어도 괜찮다. 오늘 있었던 일, 떠오른 생각, 감정을 짧게라도 써보자. 글을 쓰는 시간은 스쳐 지나던 삶의 순간들을 붙잡고, 당신을 더 깊이 이해하는 통로가 되어줄 것이다.

☑ **'무언가 하고 싶다'는 마음을 존중해 보자**

하고 싶은 일이 떠오르면 "지금은 늦지 않았어"라고 말해주자. 시작하지 못했던 이유보다, 시작할 수 있는 방법을 떠올려 보자. 그 마음을 소중히 여기는 것이 변화의 첫걸음이다.

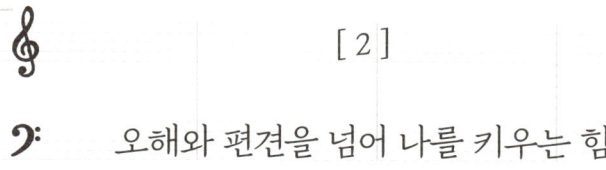

[2]
오해와 편견을 넘어 나를 키우는 힘

중년 이후는 인생의 중요한 전환점을 맞이하게 된다. 그러나 이 시기에 나이에 대한 오해나 잘못된 인식이 여전히 존재할 수 있다. 젊은 시절에 형성된 이미지나 고정관념이 여전히 남아 있거나, 세대 차이로 인한 오해로 내가 누구인지 제대로 전달되지 않을 때가 많다. 나이가 많다는 것, 과연 무엇을 의미할까? 흔히 나이를 통해 사람을 평가하는 경향이 많다. 나이가 많으면 경험이 풍부하고 나이가 어리면 경험이 부족하다고 말이다. 나이가 모든 면을 대면해 줄 수는 없다. 나이와 상관없이 개인의 능력과 가치를 인정하고 존중하는 게 필요하다.

원인이 뭘까? 시간이 지나면서, 현재가 아닌 과거 이미지를 떠올리면서 상대를 대할 때가 있다. 젊은 시절 모습이나 과거의 특정 사건을 기준으로 상대방을 판단한다. 변화하고 성장한 모습을 충분히 반영하지 못하는 것이다. 세대 간의 격차가 커지면서, 경험과 가치를 제대로 이해하지 못하는 경우도 많다. 서로의 입장을 이해하려는 노력이 부족하기 때문이다. 상호 이해와 소통을 위한 노력이 필요하다. 특히 중년이 되면 스스로가 나이가 많다고, '지금 해서 뭘 해?'라며 늦었다고 생각하는 경향이 있다. 그래서인지 새로운 도전을 꺼리는 경우를 종종 본다. 건강 문제에 대한 걱정도 있을 수 있다. 한 번쯤 자신을 돌아보는 기회를 가져 봐야 한다.

첫째, 자신을 더 깊이 이해하고, 당신의 변화를 인정하는 것이 중요하다. 이를 바탕으로 주변 사람들에게 적극적으로 당신의 생각과 감정을 표현하는 것이 필요하다. 예를 들면, 가족이나 친구, 동료들에게 현재 상황과 생각을 솔직하게 이야기한다. 어떤 과도기를 겪은 후 삶의 가치가 변했다면, 이전에 만났던 사람들에게 자신의 변화된 모습을 알려야한다. 그런 과정을 통해 당신과 마음이 맞는 사람들은 여전히 옆에 남을 것이고, 반대의 경우는 자연스레 정리될 것이다. 둘째, 세대 간 격차를 줄이고, 더 나은 이해를 돕기 위해 새로운 경험이나 학습의 기회를 적극적으로 활용하는 것도 좋은 방법이다. 예를 들면, 젊은 세대와 공감대를 형성하거나 지역사회 활동에 참여하여 새로운 인간관계를 구축한다. 셋째, 타인의 시선에 휘둘리지 않는다. 자신을 존중하며 자아존중감을 유지하는 것이 중요하다. 예를 들어, 삶에서 중요한 결정을 할 때 당신만의 기준을 세운다. 그 기준에 따라 행동하는 것이 중요하다. 다른 사람의 말을 들을 때 그들이 내놓는 의견이 일치하는지, 아니면 단순한 외부의 소음인지 분별할 수 있어야 한다. 자신의 기준을 가지고 있으면, 타인의 말에 휘둘리지 않고 당신만의 길을 걸어갈 수 있다.

   주변에 이기적인 행동으로 불쾌감을 주는 사람이 있었다. 하루에도 몇 번씩 통화할 만큼 가까운 사이였다. 그녀는 상대를 무시하는 말과 행동을 자주 했다. 회의 중에도 중간에 끊고 자기 생각만을 앞세웠다. 의견을 끝까지 고집해 주변 사람들까지 불편하게 만들곤 했다. 관계는 가까웠지만, 마음의 거리는 멀어지고 있었다.
   그런 상황을 보면서 매번 불편함을 느꼈다. 불쾌하고 당황스러웠다. 솔직하게 마음을 표현해야겠다고 생각했다. 우선은 거리두기를 했다. 한동안 직접적으로 대화는 하지 않고 공식적인 대화만 나눴다. 그녀는 얼마 지나지 않자 답답함을 토로하면서 허심탄회하게 이야기를 나누자고 했다. 예전처럼 지내자는 것이다. 혼자만 느끼는 감정이 아니었다. 그녀에게 불편하다는 의사표현을 했다. 그 후 상황이 잠시 개선되는 듯 보였지만, 태도는 크게 달라지지 않았다.

   그 과정에서 중요한 교훈을 얻었다. 그것은 바로 타인의 오해나 편견에 휘둘리지 않는 것이다. 무엇보다 자신을 존중하며 살아가는 것이 중요하다는 것을 깨달았다. 상대에게 입장을 솔직히 표현하는 게 중요하다.

'과연 다른 사람들에게 나란 사람은 어떤 이미지로 보일까?'
'이런 말을 하면 상처받지 않을까?'

다른 사람들이 나를 어떻게 생각하는지, 어떤 시선으로 바라보는지 끊임없이 생각하며 정작 나 자신은 돌보지 않았다. 나이가 들어갈수록 느낀 것은 내가 아무리 좋은 사람이어도 모든 사람에게 다 좋을 수는 없다. 그렇기 때문에 더욱 더 남들의 오해와 편견을 바꾸기 위해 나의 생각을 방치한 채 이리저리 끌려다닐 필요는 없다는 것이다. 물론 남의 말을 경청하고 공감해 주는 자세도 필요하다. 특히, 나이가 많다고 모든 걸 다 알고 있다고 판단하면 착각이다. 모든 사람에게는 배울 점이 있다. 심지어 어린 아이들에게도 배우려는 자세가 필요하다.

스스로를 돌아보기 위해 몇 가지 질문을 해보았다.

첫째, 지금의 나와 과거의 나는 어떻게 달라졌는가. '구관이 명관'이라는 말처럼, 오래된 사람들과 계속 좋은 관계를 유지하는 것도 좋다. 하지만 시간이 흐를수록 열매가 익어가듯 과거에 비해 삶의 가치를 비롯한 많은 것들이 성장한 만큼 지금의 '나'와 가치관과 환경이 비슷한 새로운 사람들과 관계를 맺는 것도 하나의 방법이다.

둘째, 다른 사람들을 대할 때 나는 어떠한가. 그들의 이야기를 경청하고, 누군가의 이야기를 듣고 선입견과 편견을 갖지 않도록 객관적으로 상황을 바라보려고 노력한다. 이러한 노력은 타인과의 관계를 더욱 깊고 의미 있게 만든다. 셋째, 세상을 어떻게 바라보는가. 세상을 바라보는 방식은 당신의 생각과 행동에 크게 영향을 미친다. 예를 들어, 누군가는 문제를 해결할 때 단순히 하나의 방법만 고려할 수 있지만, 다양한 관점에서 접근하면 더 창의적이고 효과적인 해결책을 찾을 수 있다. 예술가와 과학자가 같은 현상을 각기 다른 방식으로 해석하듯이, 다양한 시각이 모일 때 더 풍부한 결과물이 탄생한다.

다름을 존중하는 사회란 서로의 차이를 인정하고 수용하는 사회를 의미한다. 예를 들어, 어떤 직장에서 다양한 배경을 가진 직원들이 팀을 이뤄 일할 때, 그들의 독특한 경험과 시각이 합쳐져 더 혁신적이고 창의적인 아이디어가 나온다. 서로가 다름을 받아들이는 것은 모두가 더 나은 삶을 살아가는 데 도움이 된다.

🎵 실천 사항
- [ ] **지금의 나에게 맞는 '자기 소개문'을 써보자**
  과거가 아닌 현재의 당신을 주어로 삼아 짧게 써보자. (예: "나는 여전히 배우고 있는 사람입니다.")
  스스로를 있는 그대로 이해하고 받아들이는 데 큰 힘이 된다.
- [ ] **하루 5분, 마음의 소리를 적어보자**
  매일 잠들기 전, 오늘 느낀 감정이나 떠오른 생각을 짧게 기록해보자.

당신만의 소리에 집중해 보는 것이 좋다. 하루 5분이면 충분하다.

☑ **남과 비교하지 말고, 나만의 속도를 기록해 보자**

남보다 느리다고 조급해하지 말자. 당신만의 리듬으로 실천할 작은 행동이나 감정의 변화를 달력이나 노트에 표시해 보자. 그 기록들이 쌓이면 '나답게 살아가는 힘'을 키울 수 있게 된다.

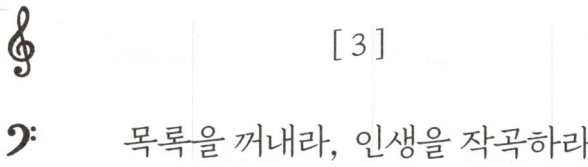

[3]
목록을 꺼내라, 인생을 작곡하라

"당신은 죽기 전에 꼭 해보고 싶은 일이 있는가?"

버킷리스트. 죽기 전에 꼭 해보고 싶은 일들을 적어 놓은 목록을 뜻한다. 단순히 원하는 것들을 나열하는 것을 넘어, 진정으로 소중히 여기는 것들을 실현하기 위한 구체적인 계획이다. 목표를 세움으로써 어떻게 살아가고 싶은지 어떤 삶을 꿈꾸는지를 명확하게 보여준다. 반복되는 일상에서 삶의 의미를 잃어버린 적이 있는가? 많은 사람이 삶의 방향을 잃고 살아간다. 연구에 따르면, 하고 싶은 일의 90%는 평생 하지 못하고 죽기 전에 후회한다고 한다. 버킷리스트는 단순한 목록이 아니다. 그것은 원하는 삶을 살아가기 위한 지침서다.

버킷리스트를 작성하고 실천하지 않는 이유는 여러 가지가 있다. 바쁜 일상과 시간 부족이 주된 원인 중 하나다. 일, 가사, 사회적 책임 등에 쫓겨 자신의 꿈과 목표를 미루게 된다. 또한, 목표를 명확하게 설정하지 못하는 경우가 많다. 자신이 무엇을 진정으로 원하는지 분명하지 않다면, 버킷리스트를 작성하는 것이 어렵다. 두려움과 불확실성 역시 큰 장애물이다. 새로운 도전에 대한 두려움이나 실패할지도 모른다는 불안감이 목표를 실천하는 것을 주저하게 만든다. 일상에 쫓겨 살다 보면, 중요한 일들을 미루게 된다. '시간이 지나면 해야지.'라고 생각하지만, 현실에서는 다른 일들이 우선순위가 된다. 즉각적인 만족을 추구하며 장기적인 목표를 놓치는 경우가 많다. '지금 당장 즐기는 것이 중요하지 않을까'라는 생각이 장기적인 버킷리스트를 실천하는 데 방해가 된다. 지나친 목표보다는 작은 꿈들을 이루면서 성취감을 느끼는 게 중요하다.

　버킷리스트를 작성하고 실천하기 위한 나만의 방법이다. 첫째, 작은 목표부터 시작한다. 큰 목표 대신, 당장 실천할 수 있는 작은 목표를 구체적으로 세운다. 둘째, 리스트를 눈에 보이는 곳에 둔다. 예를 들어, 냉장고에 붙이거나 핸드폰 배경 화면으로 설정한다. 매일 조금씩 실천할 수 있다. 셋째, 실행계획을 세운다. 작은 것부터 계획을 세워 하나씩 실천한다.
　남편이 세상을 떠나면서 홀로 고등학생 아들과 딸을 책임져야만 했다. 그런 나에게 죽기 전에 해보고 싶은 일이라는 건 특별히 없었다. '그저 돈을 벌어야겠다.'라는 생각뿐이었다. 음악학원을 운영하고 있었다. 학생 수가 많지 않았다. 학원 운영만으로 아이들을 교육하며 먹여 살리는 건 쉽지 않았다. 오전에는 어린이집, 저녁에는 식당 아르바이트를 했다. 학원 점포는 연세로 빌렸다. 점포세 내는 것도 힘든 상황이었다. 제주도는 '신구간' 문화가 있다. 신구간이라 하면 해가 바뀔 때마다 건물임대료를 지불하는 것이다. 1년이 왜 그리 빨리 돌아오는지. 작은 학원이다 보니 차량 운행은 물론 강사, 경영까지 1인 3역 이상을 해야 했다.

하루는 지인으로부터 작은 수첩을 선물받았다. 하고 싶은 일, 이루고 싶은 일들을 기록하면 이루어진다고 말했다. 믿지 않았다. 지푸라기라도 잡는 심정으로 이루고 싶은 일들을 적어 보았다. '몇 명 이상이면 운전기사를 고용하겠다.', '학원 운영을 잘해서 학생 수를 늘리고 싶다.' 등 생각나는 대로 적어 내려갔다. 노트에 구체적으로 적어놓은 목표는 마치 나와의 약속처럼 느껴졌다. 그 약속을 지키기 위해 아침마다 운동 가는 대신 주변 아파트를 돌아다니며 홍보지를 부쳤다. 그리고, 학생들이 등교하는 시간에 학교 앞에서 홍보했다.

몇 년 후 학생들이 조금씩 늘어났다. '어떻게 하면 학원생을 유지할 수 있을지'를 계속해서 고민했다. 한 달에 한 번 학부모들에게 진도 상황이나 학원 생활하는 모습을 사진 또는 영상 촬영해서 보냈다. 평가표와 함께. 그리고 2년마다 학원 정기 연주회를 열면서 아이들에게도 동기부여를 시켰다. 오롯이 학원에만 열정을 쏟아부었다. 그러는 동안 학부모와의 소통도 원활해졌고 학원에 대한 신뢰감을 쌓아갔다.

다음 목표로는 '1층 점포를 내 소유로 하고 싶다.'라고 적었다. 하루는 한 남자가 과학 고등학교 교사라고 하면서 학원에 들어와 주위를 둘러보는 것이다. 이유를 물었다. 그는 필자가 운영하고 있던 학원 건물을 계약했다고 했다. 그렇지만 학원 수업 중인데 모르는 남자가 들어와 학원 안을 둘러본다는 것이 썩 기분은 좋지 않았다.

"이 건물을 사서 뭐 하실거예요?"
"그냥요."
"얼마에 계약했어요?"
"(그 당시) 2억 5천만 원."
"2천만 원을 더 드릴 테니 제가 사면 안 되나요? 이 점포를 사는 것이 정말 간절합니다." 그는 잠시 생각해 보겠다고 했다.

잠시 생각하던 남자는 그러겠다고 했다. 아무것도 하지 않으면 아무 일도 일어나지 않는다.

단돈 1백만 원도 없는 상황이었다. 너무도 간절했기에 터무니없는 말을 내뱉은 것이다. 그날 밤 잠이 오지 않았다. (돈이 없다는 걱정보다는 이 건물을 내 소유로 할 수도 있겠다는 생각에서.)

다음 날, 친언니한테 전화했다. "언니! 나 학원 건물을 꼭 사야 돼. 1억 3천만 원만 빌려줘." 나머지는 대출 받겠다고 했다. 어떻게 그런 용기가 생겼는지 모른다. 건물은 내 편이 되어 주었다. 물론 언니가 없었다면 목표를 이루기는커녕 자괴감에 빠져 있었을지도 모른다.

그렇지만 무엇보다 더 중요한 건 1층 건물을 사겠다는 목표, 그 목표를 꼭 이루고야 말겠다며 수첩에 적어뒀던 다짐, 그 다짐을 지키기 위한 방법을 끊임없이 모색했던 자세였다. 마침내 언니한테 빌렸던 돈도 다 갚았다. 그때 아무 목표도 세우지 않았더라면 돈은 그저 언니 통장에 존재하고, 여전히 매달 월세를 내며 살고 있을 것이다. 정말 꿈같은 일이었다.

물론, 수첩에 적는다고 해서 모두 이루어진다고는 생각하지 않는다. 버킷리스트는 단순히 우리가 바라는 꿈과 목표를 정리한 목록일 뿐이다. 그것이 이루어지기 위해서는 꾸준한 노력과 실행이 필요하다. 우리가 무엇을 이루고 싶은지에 대한 방향을 제시해준다. 다만, 이를 현실로 만들기 위해서는 실천이 뒤따라야 한다. 때로는 실패를 겪고 다시 일어서는 과정이 필요하다.

버킷리스트는 삶을 더욱 풍요롭게 만들기 위한 도구일 뿐이다. 이를 실현하기 위해서는 당신이 직접 움직여야 한다. 그러니 미루지 말자. 지금 바로 종이와 펜을 꺼내어, 당신만의 버킷리스트를 작성해 보자. 작은 목표라도 상관없다. 중요한 것은 첫발을 내딛는 것이다. 오늘이 지나기 전에 이루고 싶은 단 하나의 목표를 적고, 이를 실현할 첫 단계를 정해보자.

🎼 **실천 사항**

☑ **언젠가 미뤄둔 일을 지금 목록으로 적어보기**

하고 싶었지만 미뤄뒀던 일들을 떠올려 보자. 여행, 배우고 싶었던 악기, 연락 못 했던 친구 등…

손에 잡히는 노트나 스마트폰 메모장에 적는 순간, 마음속 바람은 행동으로 움직이기 시작한다.

☑ **큰 꿈은 작게 쪼개서, 오늘 할 수 있는 일부터 시작하기**

'내 책을 쓰고 싶다'면 오늘은 한 문단이라도 적어보자. '외국 여행 가기'라면 항공권 가격이라도 찾아보자. 목록은 마음속 가능성을 현실로 끌어오는 첫 줄의 악보다.

☑ **매주 한 번, 목록에서 한 가지 실천해 보기**

계속 적기만 하고 실천하지 않으면 목록은 잊혀진 낙서가 된다. 작더라도 매주 하나씩 꺼내서 행동해 보자. 그 단호한 실천이, 인생의 조용한 전환점이 된다.

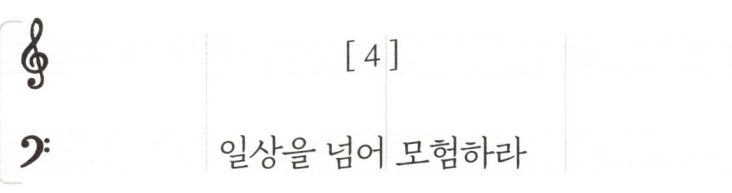

[4]
일상을 넘어 모험하라

매일 반복되는 삶 속에서 어떻게 모험을 찾을 수 있을까? 아침 눈을 뜨면 똑같은 일상이 반복된다. 새로운 것을 경험하고 싶지만, 시간과 용기가 부족하다. 과연 일상에서 모험을 찾을 수 있을까? 종종 삶의 의미를 잃어버리곤 한다. 지루한 일상은 결국 무기력하게 만든다. 하지만 이러한 반복 속에서도 작은 모험이 삶에 활력을 불어넣을 수 있다면 어떨까? 안정적인 일상은 분명 중요하다. 하지만 때로는 삶의 자극제가 필요할 때가 있다. 일상을 벗어나 모험을 시작해 보자. 모험이 삶에 어떤 변화를 가져올지 상상만으로도 가슴이 벅차지 않은가. 모험은 멀리 있는 것이 아니라, 평범한 삶 속에서 발견된다.

매일 반복되는 일을 하다 보면 지루함이 쌓인다. 자신의 성장과 발전을 위해 새로운 경험과 도전이 필요하다. 새로운 것에 대한 두려움은 도전을 망설이게 한다. 삶의 의미와 목적에 대해 의문을 가져 보는 것도 좋다. 굳이 거창한 모험이 아니어도.

몇 년 전, 학원 강사들과 업무 분담을 재조정했다. 이것도 원장으로서 하나의 모험이었다. 우선 담임제 시스템을 도입했다. 음악학원 특성상 학생들이 정해진 시간에 오지 않아 실패했지만 다시 시작. 일주일 동안의 모험을 통해 마침내 정착시킬 수 있었다. 또한 기존에는 학원생의 레슨도 직접 봐주고 있었다. 학원 운영관리에 더 집중할 필요성을 느꼈다. 현재는 직접 가르치는 것보다 운영하는 데 더 시간을 투자하고 있다. 업무 분담을 통해 긍정적인 효과를 얻을 수 있었다. 학생들 관리도 전보다 수월해졌으며 더욱 효율적으로 학원을 운영하고 관리하는 데 효과적이다. 익숙한 일상에서 벗어나 새로운 것에 도전하면 세상을 바라보는 눈이 넓어진다. 작은 모험에서부터 시작하면 된다.

매일 반복되는 악기 연습과 레슨, 그리고 이론 공부. 학원생들에게 새로운 활력을 불어넣을 수 있는 무언가가 필요했다. 타 음악학원과의 차별화를 위해 모험을 시작했다. 6시 이후는 피아노 외에 다른 악기 수업을 진행했으며 각 악기별 강사들을 모집했다. 바이올린, 첼로, 클라리넷, 플루트는 강사가 가르치고, 피아노, 드럼, 아코디언, 하모니카, 오카리나, 기타, 장구 등은 원장이 직접 가르친다. 새로운 악기를 배우는데 많은 돈과 시간을 투자했다.

성인 학생들, '그 학생들이 어떻게 하면 즐겁게 악기를 배울 수 있을까?'라고 늘 생각해 왔다. 코로나가 한창일 때, 학생들과 성인이 함께하는 도내 최초 오케스트라를 결성해서 창단 연주회를 마쳤다. 성인들은 창단 연주회까지만 하고 해산됐다. 학생들과 성인들이 조화가 되지 않는다는 여론 때문이었다. 마음 한구석에는 늘 아쉬움이 남아 있다.

제5회 정기 연주회를 마쳤다. 한편, 오케스트라 구성원에서 제외된 성인반을 위해 동기부여가 될 만한 게 없을까 고민한 끝에 현악으로만 앙상블을 만들어야겠다고 생각했다. 마침내 '성인반 바이올린 & 첼로 앙상블'을 만들었다. 성인반까지 앙상블을 만들어서 운영하는 것. 우리 학원만의 장점이다. 바이올린의 선명한 음색과 첼로의 깊고 풍부한 저음이 어우러져 아름다운 화음을 만들어낸다. 그 소리가 귀에 생생하게 맴돈다. 연습 시간 내내 얼굴에는 미소가 떠나지 않는다. 음악 속에서 진심으로 행복을 느끼는 순간이다. 함께 나누며 느끼는 성취감은 말로 다 표현하기 어려울 만큼 크다. 서로 어울려 만들어내는 소리 속엔 진심이 담겨있다. 그 안에서 자연스럽게 웃음이 흘러나온다. 그 웃음은 단순한 재미가 아니라 음악이 주는 깊은 만족감에서 나오는 것이다.

세 번째 연습 날, 뭔가 부족한 듯한 느낌이 들었다. 두 악기만으로는 음악이 완전히 채워지지 않는다는 생각에 사로잡혔다. 고민 끝에 비올라를 추가해서 '현악 4중주'를 만들어야겠다고 생각했다. 문제는 비올라를 연주할 사람이 없었다. 비올라가 추가된다면 앙상블은 훨씬 더 완벽해질 거라는 확신이 들었다. 결국 원장은 비올라를 배우기로 결심했다. 여러 악기를 배우고 있는 상황에서 비올라까지 감당할 수 있을지 걱정이 앞섰다. 비올라는 바이올린보다 크고, 음자리표도 익숙하지 않은 가온음자리표였다. 한 번도 다뤄본 적 없는 악기였지만, 고민할 새도 없이 곧바로 비올라를 구입했다.

'생각은 깊게 행동은 빠르게.'
생각보다 행동이 앞설 때가 있다. 깊게는 커녕 생각할 겨를도 없이 비올라 악기를 구입했다. 어떤 행동을 하기 전에 생각을 깊게 하라고 한다. 하지만 가끔은 선택의 기로에서 고민이 된다면 일단 저질러놓고 경험해보는 것도 하나의 방법이다. 비올라를 무작정 구입한 덕에 또 다른 모험이 시작됐다. 비올라는 바이올린 소리보다 음이 낮다. 따뜻한 소리가 나며 바이올린과는 또 다른 매력이 있다. 요즘은 비올라의 중후한 음에 푹! 빠져 있다. 회원들에게 새로운 악기를 배우는 모습을 보여줌으로써, 그들이 배움에 대한 열정을 가질 수 있도록 긍정적인 영향도 미칠 수 있었다.

일상에서 부족함을 느끼고 있다면, 새로운 도전을 시도해 보는 것을 추천한다. 무언가를 배운다는 건 삶에 큰 활력을 불어넣어 주는 것이다. 용기가 나지 않는다면 주변 사람들과 함께 시도해 보길 추천한다. 각자의 강점을 살려 조화를 이룬다면 혼자서는 이루기 어려운 성과를 달성할 수 있다. 음악이 아니어도 좋다. 취미든, 생계를 위한 활동이든 당신에게 맞는 것을 끊임없이 찾아 배우고 경험해 보길 바란다. 삶의 에너지가 생길 뿐만 아니라 한 걸음 더 성장한 당신을 볼 수 있을 것이다.

🎼 실천 사항

- [x] **매주 한 번, 평소 하지 않았던 선택을 해보자**
  늘 가던 길 대신 다른 골목으로 걸어보거나, 평소 관심 없던 분야의 책 한 권을 펼쳐보자. 작은 낯섦이 생각의 창을 열고, 세상을 새롭게 느끼게 해줄 것이다.

- [x] **준비되지 않았지만, 해보고 연습하기**
  완벽히 준비된 사람은 없다. 생각이 조금 떨릴 때가 바로 성장의 순간이다.
  강연, 발표, 여행… 기회가 왔을 때 "아직은 무리야." 대신 "해볼까?"라고 대답해 보자.

- [x] **당신만의 속도를 존중하며 가보기**
  다른 사람의 리듬에 휘둘리지 말고, 당신만의 템포대로 천천히 가도 괜찮다. 중요한 건 중단하지 않는 것이다. 조급함보다 일관된 걸음이 결국 당신을 '변화의 끝'까지 데려가 줄 테니까.

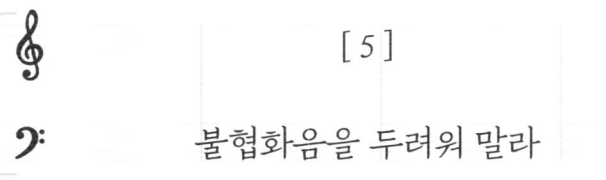

[5]

불협화음을 두려워 말라

   심리학자 로버트 마우어는 "인간의 뇌는 변화를 위협으로 인식하는 경향이 있다"고 말했다. 변화가 필요한 순간마다 마음이 불안해지는 이유다. 하지만 무대 위의 연주는 언제나 새로운 리듬을 요구한다. 불협화음을 두려워하지 마라. 그것이 삶의 전조(前奏)일 수도 있으니까.

   변화에 대한 두려움을 극복하려면 어떻게 해야 할까? 우선, 자신에 대한 이해와 마인드셋을 전환하는 것에서 시작된다. 변화를 두려워하는 이유를 깊이 탐구하고, 그것이 성장을 어떻게 방해하고 있는지 인식하는 것이 중요하다. 고정관념을 깨는 것도 방법이다. 그러면 변화를 위협이 아닌 기회로 바라보는 시각을 갖게 된다. 즉, 능력은 고정된 것이 아니라 노력과 학습을 통해 발전할 수 있다는 것을 의미한다. 둘째, 점진적으로 노출하여 작은 성공 경험을 축적하는 것이다. 큰 변화를 한 번에 받아들이는 것은 어렵다. 작은 변화부터 시작하여 점차 그 범위를 넓혀가면 두려움을 극복하는 데 효과적이다. 이 과정을 통해 자신감이 높아진다. 변화가 반드시 부정적인 결과만을 가져오는 것이 아님을 깨닫는 것 또한 중요하다. 이러한 경험의 축적은 더 큰 변화에 직면했을 때 대처할 수 있는 내적 자원이 된다. 셋째, 강력한 지지 시스템을 구축하고 활용한다. 가족, 친구, 멘토, 또는 전문 상담가 등 지지 네트워크는 변화의 과정에서 겪는 불안과 두려움을 완화 시키는 데 큰 도움이 된다. 정서적 지지를 제공할 뿐만 아니라, 객관적인 시각과 조언을 통해 변화에 대한 새로운 관점을 제시한다. 아울러 비슷한 경험을 가진 사람들과의 교류도 필요하다. 이는 심리적 부담을 덜어 준다.

코로나19. 모두가 힘든 시간을 보냈다. 특히, 집에 있는 시간이 길어지면서 건강관리가 어려웠던 경험, 누구나 한 번쯤 해봤을 것이다. 마스크 속에 가려진 얼굴, 움직임이 적었던 몸, 나도 걸릴지 모른다는 불안감, 우리 모두 겪었던 변화였다. 삶을 완전히 바꿔 놓았다. 운동을 제대로 하지 못했다. 몸무게는 60kg에 가까워졌고, 체지방률은 40%를 훌쩍 넘었다. 예전에 즐겨 입던 옷들이 하나, 둘 맞지 않기 시작했다. 몸은 점점 둔해졌고, 움직일 때마다 불편했다.

지인의 추천으로 Y업체에서 '90일 다이어트 프로젝트'를 개최하는 사실을 알게 되었다. 전국에서 300여 명이 참여하는 만큼 꽤 규모가 있는 프로젝트였다. 꼭 다이어트에 성공하고야 말겠다는 다짐으로 도전장을 내밀었다. 다이어트는 그때가 처음이었다. 체지방을 6% 빼면 상품을 증정하고, 1등에게는 30만 원 포상금을 제공한다고 했다. 90일 프로그램으로 한 달씩 평가하고, 최종 3개월 종합평가를 했다. 승부욕이 생겼다. 1등을 하겠다는 의지가 불타올랐다.

아침에 눈 뜨면 먼저 양치질을 했다. 다음 순서로 따뜻한 물 한잔. 흔히 '음양탕'이라고 불리는 물을 꼭꼭 씹어서 마셨다. 다음엔 사과 반 조각을 얇게 썰어 곱게 담았다. 아침, 저녁은 쉐이크로 대신했다. 점심은 하루 중 가장 많이 먹는 시간으로 정했다. 운동도 빠뜨리지 않았다. 자신과의 싸움이었다. 약속이나 모임은 최대한 나가지 않았다. 식당에 가야 할 일이 있으면 도시락을 가지고 가서 먹었다.

생일날도 예외는 아니었다. 아들과 딸 식구들이 집에 와서 파티하고, 저녁으로 좋아하는 소고기 샤브샤브. 향긋한 국물 냄새 식구들의 웃음소리까지. 눈으로 먹겠다고 하면서 참았다. 오로지 1등을 하고 싶은 마음에 흔들림없이 의지대로 했다. 단 하나, '1등 하고 싶다'는 열망뿐이었다. 누가 시킨 것도 아닌, 내가 선택한 길이기에 흔들리지 않고 밀고 나갔다. 불협화음이 나더라도, 내 인생의 리듬은 내가 만들어가는 거니까.

전국 1등. 처음에는 믿을 수 없었다. 그렇지만 사실이다. 프로젝트에 참여하는 동안 식단 관리와 운동을 꾸준히 했다. 3개월 동안 체지방 17.1% 감량이라는 결과를 얻을 수 있었다. 사실, 다이어트를 시작하기 전에는 여러 가지 두려움이 있었다. 요요가 올지도 모른다는 걱정, 맛있는 음식을 포기해야 한다는 생각에 사로잡혔다. 하지만 단순한 체중 감량을 넘어 한계를 극복해보고 싶은 욕구가 컸다. 그러한 신념이 원동력이 됐다. 물론 다이어트를 포기하고 싶은 순간들이 있었다. 그때마다 목표를 되새기며 마지막까지 도전했다. 무슨 일이든 목표가 뚜렷해야 하고 하루하루 꾸준히 하는 것이 중요하다. 그러다 보면 어느새 기대 이상의 변화를 가져온다.

하나의 목표를 달성하기 위해 지녀야 할 자세에 대해 이야기하려고 한다. 첫째, 인내와 꾸준함이 중요하다. 목표를 이루기 위해서는 단기적인 성과보다는 장기적인 노력이 필요하다. 둘째, 자기관리가 핵심이다. 자기관리의 기본은 건강관리이다. 올바른 식습관과 규칙적인 운동은 건강과 직결된다는 사실을 잊지 말자. 셋째, 자기 믿음의 힘이다. 목표를 향해 꾸준히 노력하다 보면, 자신에 대한 신뢰가 쌓이고 성취감을 느낄 수 있다. 1등은 특별한 사람들이나 한다고 생각했다. 그만큼 잘할 자신이 없었다. 다이어트를 통한 신체적·정신적 변화는 물론 30만 원 포상금을 안겨줬다.

하지만 전국 300명 중 1등을 했다는 사실은 그보다 더 큰 성취감을 선물했다. 도전은 또 하나의, 변화의 시작이다. 즉, 변화를 두려워하지 않았을 때 좋은 결과를 얻을 수 있으며 그 결과를 통해 두려움을 극복할 힘이 생긴다. 변화와 두려움 이 두 가지 사이에서 긍정적인 순환이 시작되는 것이다. 다이어트 도전이라는 경험을 통해 건강을 되찾았을 뿐만 아니라 이후 무엇이든 할 수 있다는 자신감이 생겼다.

🎼 실천 사항

☑ **작고 구체적인 목표를 정해서 실천하기**
'90일 다이어트'처럼 숫자나 기간이 있으면 집중하기가 쉽다. 중요한 건 결과가 아니라 '나도 할 수 있다'는 생각을 되찾는 거다. 예를 들어 '하루 15분 걷기'처럼 간단한 목표부터 시작해 보자.

☑ **변화 앞에서 '망설임'을 탓하지 말기**
두려워도 괜찮다. 처음엔 누구나 머뭇거린다. 중요한 건 그 상태에 머무르지 않고, 결국 한 걸음 내딛는 것이다. 완벽히 준비된 사람만 도전하는 게 아니라, 도전하는 사람이 준비를 할 수 있다.

☑ **실패해도, 멈추지 않고 방향 다시 잡기**
불협화음이 났다고 연주를 멈출 필요는 없다. 그 안에서 배운 게 있다면 실패가 아니다. 조율해 가면서 연주하면 된다. 단단하게 '당신만의 멜로디'를 이어가 보자.

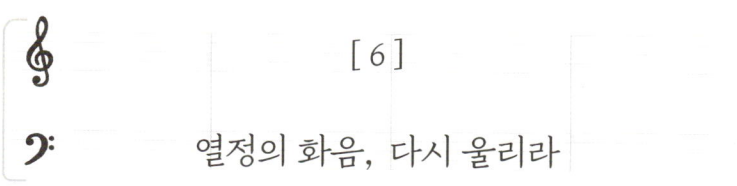

[6]

열정의 화음, 다시 울리라

열정은 삶에 에너지를 불어넣는 원동력이다. 하지만 시간이 흐르면서 다양한 이유로 열정을 잃게 될 때가 있다. 과도한 업무나 반복적인 일상, 목표의 불확실성 등은 열정을 무너뜨리고, 무기력한 상태에 빠지게 만든다. 그렇다면 왜 열정을 잃게 되는 걸까? 잃어버린 열정을 찾기 위한 방법을 탐구해 보았다. 열정을 잃는다는 것은 의욕이 사라지는 단순한 문제가 아니다. 일상생활에 부정적인 영향을 미친다. 목표를 향한 노력이나 일상의 만족감까지도 흔들리게 만든다. 열정을 잃은 상태에서는 매사에 흥미를 느끼기 어렵다. 성취감이나 만족감 역시 줄어든다. 더 나아가 우울감이나 불안감으로 이어질 가능성이 높다. 결국 삶의 전반적인 질이 떨어진다. 개인의 삶뿐만 아니라 주변 관계와 사회적 관계에도 부정적인 결과를 초래한다.

기타 강사로 초등학교 방과 후 수업을 다닐 때 일이다. 유난히 눈에 띄게 열정적으로 배우려는 한 학생을 만났다. 처음에는 단순히 호기심에 기타를 배우러 온 줄 알았다. 시간이 지나면서 그의 진지한 태도와 노력하는 모습이 눈에 들어왔다. 수업시간보다 일찍 와서 기타를 손에 쥐었고, 쉬는 시간에도 손에서 악기를 놓지 않았다. 손끝이 아플 법도 한데, 아랑곳하지 않고 코드를 하나라도 더 정확하게 익히려고 노력했다. 그런 모습이 기특해서 자연스럽게 더 많은 것을 알려줬다.

시간이 흐르면서, 다른 학생들까지도 점점 기타 연주에 흥미를 갖기 시작했다. 처음에는 단순히 흉내 내는 수준이었지만었다. 6개월이 지나자, 그들의 연주 실력은 눈에 띄게 성장했다. 단순한 코드 잡기조차 버거워했지만 자신 있게 리듬을 타고 간단한 곡을 연주할 수 있게 되었다. 그들의 눈빛을 보며 '배우겠다는 의지'가 얼마나 중요한지를 깨달았다. 기타를 배우며 성취감을 느끼는 모습을 볼 때마다 가르치는 일에 대한 열정이 되살아났다. 기타를 가르치고 배우는 과정에서 작은 성취를 이루는 것이 얼마나 큰 기쁨을 주는지 함께 느끼게 되었다. 성장하는 모습을 지켜보면서 말로 설명할 수 없는 보람을 느꼈다.

결국, 가르치는 일은 단순히 기술을 전달하는 것이 아니다. 배움의 기쁨을 함께 나누고, 서로의 열정을 북돋아 주는 과정이라는 걸 깨닫게 되었다. 기타를 통해 자신감을 얻고, 음악을 즐기는 모습을 보면서 꿈을 꾸는 마음을 갖게 되었다.

'내가 가진 재능으로 언젠가 사회에 봉사해야지.'라고 다짐했다. 학원 옆 건물에 취약계층 아동들이 다니는 지역아동센터가 있다. 그 앞을 지날 때마다 '도움이 될 만한 게 없을까?'라고 고민했다. 때마침 센터장으로부터 도움 요청이 들어왔다. 흔쾌히 승낙했다. 1년 동안 통기타를 가르치기로 했다. 과정은 쉽지 않았다. 그들은 악기를 처음 접했고, 계이름과 음표도 몰랐다. 손가락이 작은 아이들은 기타 현이 쇠줄로 되어 있어서 아프다고 징징거렸다. 의지와 달리 일과 후에 아이들을 가르치다 보니 피로가 조금씩 쌓였다. 처음 생각했던 것만큼 쉽지만은 않았다. 3개월쯤 지나자 '그만하겠다.'라고 말을 하고 싶었다. 1년을 봉사하겠다고 했는데 '한 입 가지고 두 말 하면 어떡해?'라며 자문했다. 생각을 바꾸었다. 조금씩 변화하는 그들을 보면서 보람을 느꼈다. 단순히 누군가를 가르치고 있다는 사실보다 이 일을 왜 시작했으며, 나에게 어떤 의미가 있는지 다시 생각해봤다. 그렇게 상황이 아닌, 생각을 변화시켰을 때 다시 그들과 교감하기 시작했다. 잃어버린 열정을 되찾을 수 있었다.

1년 후 지역아동센터 가족들을 초대해서 송년회를 열었다. 그동안 배운 노래들을 연주했다. 박수 소리와 함성이 들렸다. 순간, 그들과 함께했던 시간이 감사하고 뿌듯했다. 봉사는 가르침의 행위, 그 이상이었다. 악기 연주를 통해 자존감을 높이고 꿈을 키울 수 있었다. 동시에 필자에게는 나눔의 기쁨을 느끼고 새로운 열정을 찾는 계기가 되었다.

봉사 과정에서 많은 것을 깨달았다. 사회적으로 취약한 소외계층 아이들과의 교감, 그들의 성장을 지켜보는 기쁨, 재능을 나누는 보람이 있었다. 그 봉사가 배움의 기회를 넓히는데 도움을 주었다. 봉사는 단지 상대방에게만 도움을 주는 것이 아니라 결국, 자신에게도 긍정적인 영향을 미친다는 사실을 깨달았다. 봉사를 통해 얻은 보람과 배움의 기회를 통해 앞으로도 더 많은 사람들과 나눔을 실천하며 살아가야겠다.

제주설문대여성문화센터에서 바이올린과 파워포인트 수강생을 모집하고 있다는 것을 보고 신청한 적이 있다. 그때 '감면대상자' 혜택이라는 것을 알게 되었다. 즉, 봉사점수로 인해 50% 감면해서 교육을 수강할 수 있었다.

꾸준히 해왔던 봉사가 예상치 못한 혜택으로 돌아올 줄은 생각하지 못했다. 그런 제도가 있다는 것조차도 처음 알았다. 봉사점수 300점 이상이면 봉사자 카드가 발급되고, 공공기관 강의 수강 시 50% 감면대상자가 된다는 것이다. 문득 봉사하면서 웃고, 울었던 생각이 났다. 남을 돕기 위해 시작한 봉사가 오히려 여러모로 도움이 되었다. 제주설문대여성문화센터에서 교육 봉사로 할 수 있는 게 뭐가 있는지 알아보고 또 한 번의 나눔을 실천해야겠다.

열정을 갖는다는 것! 누군가에게는 쉬울 수도 있지만, 두려움의 대상이 된다. 익숙함에서 벗어나 새로운 환경에 적응하는 것은 쉽지 않다. 변화의 결과를 예측할 수 없기에 불안감이 커진다. 변화는 우리를 성장하게 하고, 열정이야말로 미래로 나아가게 하는 중요한 계기다. 두려움 때문에 열정을 피하는 것은 현재의 안락함에 머물러 발전의 기회를 놓친다.

단언컨대, 열정에는 배움과 성장이 따른다. 그 과정에서 자신을 더 깊게 이해하고 강해진다. 새로운 도전과 열정은 결국 인생을 풍요롭게 만들어 준다. 두려움은 자연스러운 감정이다. 그 두려움을 극복하고 한 걸음 나아갈 때, 새로운 기회를 맞이하게 된다. 이제, 첫걸음을 내디뎌보자.

실천 사항

- ☑ **작게라도, 마음을 담아 누군가를 가르쳐 보자**
  어떤 분야든 당신이 아는 걸 누군가에게 나누는 순간, 당신 안의 배움이 더 깊어진다. 기술보다 진심, 정답보다 공감이 먼저다. 진짜 가르침은 함께 숨 쉬며 성장하는 일이니까.
- ☑ **봉사를 '성장 기회'로 받아들여 보자**
  도움을 주는 일 같지만, 돌아오는 건 당신 자신을 새롭게 보는 시선이다. 거창한 자리가 아니어도 괜찮다. 한 시간의 재능기부, 짧은 만남 속에도 변화의 불씨는 살아 있다.

☑ **'다시 시작하는 용기'를 작게 연습해 보자**
무언가 오래 쉬었거나, 자신감이 사라졌다면 '조금만' 다시 해보자. 예전만큼 못해도 괜찮다. 첫걸음은 완벽이 아니라 '움직임' 자체에 의미가 있으니까.

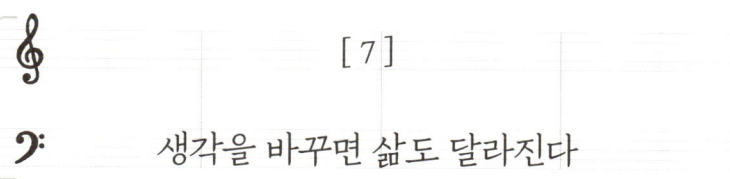

[7]
생각을 바꾸면 삶도 달라진다

긍정적인 사고를 하는 사람은 스트레스, 불안, 우울증 같은 병에 덜 걸린다는 연구 결과가 있다. 또한 살면서 도전에 따른 실패에 잘 대처할 수 있고 정서적 안정감을 더 많이 경험한다. 뿐만 아니라 문제를 해결할 수 있는 새로운 관점을 얻고, 어려움을 극복할 수 있는 방법을 찾을 수 있다. 예를 들어, 긍정적인 사고는 직장에서 실수했을 때 자신이 어떤 부분에서 부족했는지 반성하고 개선할 수 있는 기회를 제공한다. 또한 인간관계에서 갈등이 생겼을 때 서로 이해하고 소통을 증진시킬 수 있는 계기를 마련한다. 반대로, 부정적 사고는 스트레스, 불안, 우울증 등 정신건강 문제를 유발한다. 그렇다면 부정적인 사고는 어떻게 형성되는 것일까? 사회적 압박과 자신에 대한 높은 기대치는 오히려 부정적 사고를 유발한다. 실패와 좌절도 마찬가지이다. 자신에 대한 부정적인 인식을 심어 준다.

부정적인 상황일지라도 긍정적인 사고로 바라보면 더 나은 방향으로 나아갈 수 있다. 인생에서 예기치 못한 결과를 마주했을 때, 중요한 것은 그 상황 자체보다 그것을 어떻게 받아들이고 대응하느냐다. 부정적인 경험을 단순히 고통스럽거나 불행한 일로 여기는 대신, 이를 통해 배울 수 있는 교훈이나 자신을 발전시킬 기회를 찾는 것이 필요하다. 부정적인 경험을 긍정적으로 받아들이려는 노력은 힘들고 불편하다. 하지만 시간이 지남에 따라 태도와 행동을 변화시키고, 더 나아가 인생을 보다 긍정적이고 의미 있게 만드는 데 도움을 준다.

 릴리와 둘리. 딸아이가 대학 졸업하고 직장 다닐 때 데리고 온 반려견이다. 말없이 데리고 왔기 때문에 어쩔 수 없이 받아들였다. 그녀에게 소중한 친구였다. 결혼하면서 릴리와 둘리를 데리고 갔다. 일 년이 지나서 손자가 태어났다. 아토피가 심했다. 검사 해보니 강아지 알레르기 수치가 높다는 결과가 나왔다. 게다가 직장이 육지로 발령 나면서 엄마에게 맡기겠다고 했다. 처음에 단호히 거절했다.

 릴리는 하얀 털이 눈부시게 아름다운 포메라니안이다. 마치 겨울왕국에서 막 튀어나온 것처럼 우아한 외모를 자랑한다. 하지만 외모와는 다르게 성격은 그야말로 까칠하다. 집에 처음 방문한 사람에게 '너 뭐야?'라는 날카로운 눈빛과 함께 카랑카랑한 목소리로 짖어대곤 한다. 낯을 가려서 몇 개월 동안 함께해도 쉽게 마음을 열지 않았다. 물론, 가족들도 예외는 아니다. 마음에 들지 않으면 구석진 곳에 들어가 나오지 않았다.

　한편, 둘리는 릴리와 정반대다. 검정색 털을 가진 닥스훈트 믹스견으로, 조금 못생겼지만 눈빛이 애절하다. 누구의 마음이든 쉽게 사로잡는다. 처음 보는 사람에게도 애교를 부린다. 마치 '나 좀 귀엽지 않아요?'라고 묻는 듯한 눈빛으로 쳐다본다. 누구도 거부할 수 없다. 항상 꼬리를 흔들며 사람들에게 다가가고, 모든 행동은 애교로 가득 차 있다.

　자식의 부탁을 단호하게 거절할 수 있는 부모가 몇이나 될까. 결국 까칠한 공주 릴리와 애교쟁이 둘리와 함께하기로 했다. 릴리와 둘리로 인해 집안이 시끌벅적해졌다. 집은 드라마 촬영 현장 그 자체다. 솔직히 말하면 귀엽다기보다는 당황스러웠다. 퇴근하고 집에 돌아오면 온 집안이 난장판이 되어 있었다. 생활패턴마저 깨져 버렸다. 릴리와 둘리를 데리고 산책을 다니는 것도 어색하고 불편했다. 어렸을 때 말고는 강아지를 키워본 경험이 없다. 바쁜 일상에서 부담스러웠다. 릴리와 둘리도 안정이 되지 않아 늘 불안해 보였다. 어떻게 대해야 할지 몰라 어색한 날들을 보냈다. 둘 다 애물단지가 되어 버렸다.

　평소 걷기를 좋아한다. 아침마다 제주 한라수목원에 다녔다. 생활습관이 바뀌고 말았다. 시간 맞춰 사료 챙겨주고, 배변 처리하고, 털을 빗겨주는 등 강아지 돌봄에 필요한 시간을 확보해야 했다. 시간

관리가 만만치 않았다. 특히 둘리는 가만히 있질 못했다. 퇴근하고 돌아오면 온 집안을 엉망으로 만들어 놓았다. 설상가상으로 릴리의 대변을 먹기도 했다. 그래서인지 둘리의 피부 상태가 좋지 않았다.

 하루는 외출하고 돌아와 보니, 바닥에 피범벅이 되어 있었다. 릴리의 머리 부분에 핏자국이 보였다. 얼른 씻기고 릴리를 안고 동물병원으로 달려갔다. 성격이 다른 종류는 같은 공간에 있으면 좋지 않다는 조언을 했다. 결국 사고뭉치 둘리 대신 릴리를 딸 친구 집에 입양을 보냈다. 그 사이 정이 들었는지 릴리를 보내는 마음이 힘들고 불편했다. 둘리가 미워지기도 했다.

 며칠 동안 마음고생 한 끝에 생각을 바꾸기로 했다. 둘리를 대하는 마음을 조금씩 바꾸었다. 혼자 남은 둘리랑 산책하는 시간이 늘었다. 둘리와의 사이에 신뢰가 쌓여 갔다. 지친 몸으로 퇴근하고 집에 오면, 둘리는 꼬리를 흔들며 반갑게 맞아 준다. 그런 순간이 더없이 소중하다. 둘리는 더 이상 부담스러운 존재가 아니다. 하루의 피로를 잊게 해주는 소중한 친구다. 물론 둘리와 함께하는 시간 때문에 일을 미룰 때도 있다. 하지만 그가 주는 위로와 행복은 이루 말할 수 없다. 가끔 엉뚱한 짓을 해서 웃음을 터뜨리게 할 때도 많다. 책상에 앉아 공부를 할 때면, 둘리는 조용히 자기 자리에 누워있다. 애절한 눈빛으로 슬쩍슬쩍 눈치를 살피며 얌전히 기다리는 모습이 기특하다. 그러다 내가 밥을 먹거나 잠시 쉬려고 자리에서 일어나면, 둘리는 어느새 장난감을 입에 물고 다가온다. 그리고는 앞발로 쓱~ 하고 내 앞으로 밀어낸다.

"이제 좀 놀아줄 수 있지?"

그런 듯한 눈빛에 웃음이 절로 난다. 그의 애교 한 번에 피로가 사르르 녹고, 작은 장난 하나에 하루가 따뜻해진다. 둘리가 있어서, 오늘도 웃는다. 둘리 덕분에 삶은 훨씬 더 환해졌다.

결국 긍정적인 사고는 문제를 해결하는 데 필요한 에너지를 제공하며, 삶에 대한 전반적인 만족도를 높인다. 부정적인 상황을 긍정적으로 바꾸는 과정은 당신의 내면을 강하게 만들고 지속적인 성장을 위한 발판으로 작용한다.

🎼 실천 사항

- ☑ **감정이 올라올 때 '멈춤 버튼'을 눌러 보자**

    짜증, 서운함, 분노 같은 감정이 올라오면 바로 반응하지 말고 잠깐 숨을 쉬어본다. "지금 내가 뭘 느끼고 있지?" 하고 묻는 연습이 감정에 휘둘리지 않게 도와준다.

- ☑ **하루에 한 번, 감사한 순간을 글로 적어본다**

    별일 없는 하루 같아도, 마음을 들여다보면 고마운 일이 하나쯤은 있다. 커피 한 잔의 여유, 웃어준 이웃, 무사히 끝낸 일과… 그걸 매일 기록하다 보면, 삶이 조금씩 따뜻해진다.

1장 인생의 새 악보를 펼쳐라

☑ 스스로에게 다정한 말을 건네기

실수했을 때, 지쳤을 때, 당신을 꼭 안아준다. "괜찮아, 애썼어, 잘하고 있어." 이런 한마디가 버틸 힘이 된다.

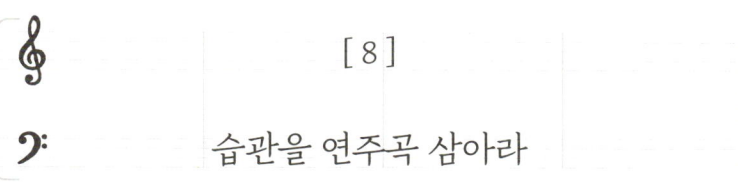

[8] 습관을 연주곡 삼아라

직장과 가정, 다른 일들로 인해 꿈을 추구하는 것은 종종 멀고도 험난한 길처럼 느껴진다. 특히 어려운 상황에서 '꿈을 이루기 위한 첫걸음이 너무 힘들지 않을까?'라는 의문이 들 때가 많다. 하지만 작은 첫걸음이 큰 변화를 가져오는 중요한 시작이 된다. 직장과 가정이라는 현실적인 도전 속에서도 매일의 작은 습관이 어떻게 인생의 전환점을 만들어낼 수 있을까.

사위가 소방관 시험에 합격했다.
소방관이 되고 싶다는 꿈을 가지고 있었다. 다니고 있는 직장과 가정, 그리고 다른 여러 가지 책임들 속에서 꿈은 먼 이야기였다. 시간이 지날수록 의무소방관 시험을 준비하는 것이 점점 더 어려운 일처럼 느꼈다. 그는 겨우 돌이 지난 어린 아들을 돌보면서 시험 준비를 했다. 그런 힘든 과정을 겪는 것이 안쓰러우면서도 한편으로는 대견하다.

그는 종합병원 권역외상센터에서 근무했다. 아내가 군 입대 합격하면서 기초훈련을 받기 위해 먼저 육지로 올라갔다. 그는 몇 달 동안 병원 근무를 하다가 퇴사하고 육아를 담당하게 됐다. 그렇게 육아와 살림을 맡으며 외조를 했다.

그러던 중 자신의 꿈을 실현하기 위해 일상에서의 작은 습관을 변화시켰다. 그가 선택한 방법은 매일 일정한 시간을 정해두고 시험공부에 집중하는 것이었다. 아침에 아내가 출근하고 아이를 등원시키고 나면 그 시간을 활용하여 공부하기로 정했다. 습관을 만들기 전에는 집안일을 하거나 잠깐 쉬는 시간을 가졌다고 한다. 하지만 똑같이 반복되는 시간에 자신의 행동만 바꾼 것이었다. 6개월 후에 있을 소방시험을 보기로 하고 합격을 위해 노력했다. 결과는 아쉽게도 '불합격'이었다. 하지만 사위는 포기하지 않았다. 부족한 점을 보완하고 다시 1년 뒤 시험을 준비하기로 했다. 다시 초심으로 돌아갔다. 매일 공부를 최우선으로 하는 목표를 세웠다. 그 모습에 용기를 주고 싶었다. 좋은 방법이 없을까? 고민하던 중, 문득 신혼여행을 다녀오지 못했던 것이 생각났다. 시험에 합격하면 외국 여행을 보내주겠다고 약속했다. 그렇게 그는 다시 1년 동안 힘든 과정을 보냈다. 공부하면서 육아와 외조도 함께 했다. 시험이 코앞으로 다가오자 긴장을 놓지 않고 더 열심히 공부했다. 아내가 퇴근하고 아이가 하원하면 가족끼리 시간을 보내고 모두가 잠든 후 다시 공부를 시작했다고 한다. 그 결과, 두 번째로 응시한 소방시험 1차 필기시험에서 '합격'

통지를 받았다. 높은 필기 시험 결과로 체력검정만 잘 보면 면접까지 무난하게 합격할 수 있을 것 같다고 했다. 그래도 끝까지 긴장을 놓지 말고 열심히 하라고 말했다. 3차 면접시험까지 끝나고, 한 달 후 합격자 발표 날짜가 다가왔다. 필기시험에서 마지막 시험까지 거의 6개월이라는 긴 기간이었다.

드디어 '최종 합격'을 했다는 전화가 왔다. 그는 인생의 전환점을 마주했다. 꾸준한 습관과 포기하지 않고 끝까지 도전했던 것에 대한 보상을 받은 것이다. 사위의 경험에서 얻은 교훈은 작은 습관의 힘을 기르고 적용하는 것이다. 그의 시험 합격은 일상에서의 작은 습관이 어떻게 큰 변화를 이끌어낼 수 있는지를 보여주는 사례다. 목표를 달성하기 위해서는 꾸준한 노력이 필요하다. 작은 습관들이 장기적으로 큰 성과를 이루는 데 중요한 역할을 한다.

그는 가사와 육아를 도맡아 하는 가장이었다. 하루 종일 집안일과 아이를 돌보는 일로 바쁘게 지내면서도 자신의 꿈을 포기하지 않았다. 하지만 현실은 쉽지 않았다. 아이를 돌보면서 공부 시간을 확보하는 것은 거의 불가능해 보였다. 낮에는 온종일 육아와 집안일에 시달렸다. 틈틈이 시간을 내려고 해도 아이가 잠시도 가만히 있지 않았다. 그는 지칠 대로 지친 상태로 하루를 보내기 일쑤였다. 그러나 포기하지 않았다. 저녁이 되어 아이가 잠들면, 조용히 다시 책을 펼쳤다. 하루도 빠지지 않고 책을 보려고 노력했다. 처음에는 겨우 몇 분 정도 공부하는 것이 전부였지만 공부하는 매 순간마다 '집중해서 할 수 있는 만큼 최선을 다하자'는 태도로 임했다. 그렇게 공부하는 시간을 점점 늘리기 시작했다. 습관이 자리를 잡으면서 단 몇 분이 한 시간이 되고, 어느새 1시간이 밤샘 공부로 이어질 수 있게 되었다. 물론 너무 피곤해서 몇 분밖에 공부하지 못한 날도 있었고, 컨디션이 좋을 때는 더 오래 집중할 수 있는 날도 있었다고 한다. 중요한 것은 '매일 했다'는 점이다.

그의 작은 습관은 결국 큰 변화를 만들어냈다. 매일 조금씩 쌓아 올린 시간과 노력은 그의 실력을 향상시켰다. 시험에 합격하는 데 결정적인 역할을 했다. 만약 처음부터 '충분한 시간이 없으니 할 수 없다'라고 생각하고 포기했다면, 그는 지금의 성취를 이루지 못했을 것이다.

이 경험은 중요한 교훈을 준다. 꿈을 이루기 위해 반드시 거창한 계획이 필요한 것은 아니다. 하루에 단 몇 분이라도 꾸준히 반복하는 습관이 쌓이면, 결국 놀라운 결과를 만들어낼 수 있다. 그는 '많이'가 아니라 '매일' 공부했기에 목표를 달성할 수 있었다. 작은 습관이 인생을 바꾸는 힘을 가진다.

필자는 2024년부터 글쓰기 공부를 시작했다. 평소에 책 한 권 읽지 않다가 글쓰기에 도전하면서 많은 어려움을 겪고 있다. 하지만 매일 꾸준히 글을 쓰는 습관을 들이고 있다. 비록 만족스럽지 못한 글일지라도, 이 과정을 통해 제2의 인생의 전환점을 맞이할 거라는 믿음이 있다. 작은 습관이 큰 변화를 가져올 것이라 확신하며, 오늘도 멈추지 않고 나만의 속도로 써 내려가고 있다. 더 나은 삶과 새로운 가능성을 향해 나아가고 있다. 거대한 꿈을 이루려면 무언가 엄청난 변화를 꿈꿔야 할 것 같지만, 사실 매일의 작은 습관이 중요하다. 꾸준히 실천할 수 있는 작은 목표를 설정하고 이를 지키는 것이야말로 '인생의 전환점을 만드는 핵심'이다.

가끔 '뭐야? 이 작은 변화가 뭘 할 수 있겠어?'하고 의심이 들 때도 있다. 작은 행동들이 시간이 지나면서 큰 결과를 만들어낸다. 오늘부터 작은 변화를 시작해 보자! 갑자기 엄청난 계획을 세우기보다는 '매일 10분씩 책 읽기', '하루에 한 번씩 긍정적인 생각하기'처럼 간단한 것부터 계획하고 실천해보자.

🎵 실천 사항

- ☑ **매일 정해진 시간에 책상 앞에 앉는다**
  처음엔 단 5분이라도 좋다. 규칙적인 장소와 시간이 뇌에 '습관 신호'를 보낸다. 작은 루틴이 큰 변화를 만든다.
- ☑ **'오늘은 조금만'으로 일단 시작하기**
  하기 싫은 날엔 '오늘은 그냥 5분만 해보자'고 마음을 먹는다. 중요한 건 멈추지 않는 것이다. 시작이 반이다. 나머지 반은 멈추지 않는 것이다.

☑ **습관 달력으로 기록하기**

달력이나 노트에 매일 했는지 기록해 보자. 기록이 하나, 둘 늘어갈수록 뿌듯함이 쌓이고, '지켜내고 있다'는 자부심이 생긴다. 보이지 않는 노력이 모여 눈부신 결과를 만든다.

2장

꿈을 현실로 바꾸어라

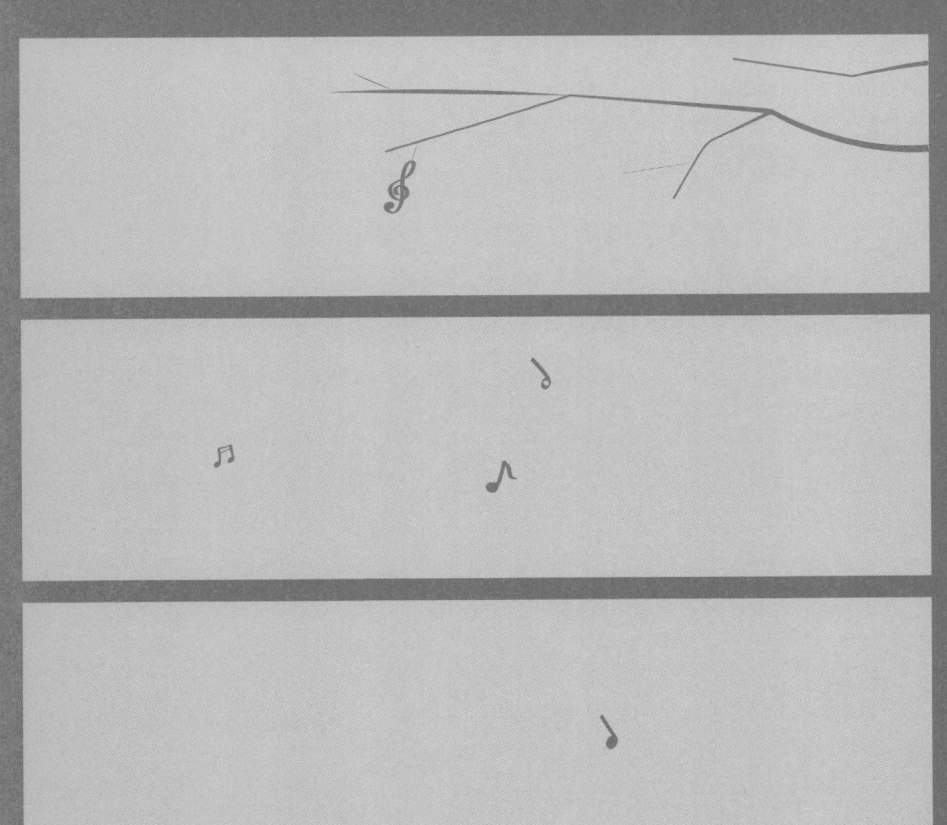

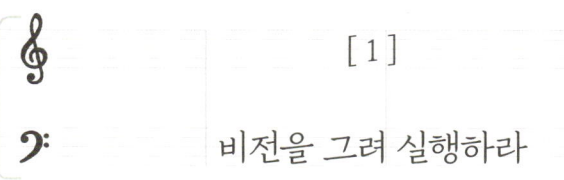

[1]
비전을 그려 실행하라

 꿈을 현실로 만드는 과정에 대해 누구나 한 번쯤 고민해본 적이 있을 것이다. 그러나 꿈을 이루기 위해 중요한 첫 단계인 목표 설정을 소홀히 하거나, 실행 과정에서 쉽게 포기하게 된다. 꿈이란 단순히 바라기만 하면 될까! 구체적인 비전을 설정하고 이를 실현하기 위한 계획과 행동이 필요하다. 중요한 질문을 하나 해본다. "왜 우리는 목표를 설정하고도 그것을 이루지 못하는가?" 목표가 너무 크거나 애매할 때, 또는 실행계획이 부족할 때 좌절감을 느끼고 꿈을 포기하게 된다.

 꿈을 현실로 이루지 못하는 원인에는 여러 가지가 있다. 첫째, 목표가 모호하거나 비현실적일 때가 많다. 목표가 너무 크거나 구체적이지 않다면, 어디서부터 시작해야 할지 몰라 쉽게 포기하게 된다. 둘째, 실행계획이 부족한 경우다. 계획이 구체적이지 않거나 현실적이지 않을 경우, 실천 과정에서 어려움을 겪는다. 셋째, 지속적인 동기부여의 부재다. 초기에는 열정적으로 시작하지만, 시간이 지남에 따라 동기부여가 약해져 목표를 이루기 위한 노력이 점점 줄어들게 된다. 마지막으로, 실패에 대한 두려움과 자기 의심이 작용한다. 종종 작은 실패에도 크게 좌절한다. 결국 자신의 능력에 대한 의심이 커지면서 목표를 포기하게 된다. 외부 환경이나 주변 사람들의 영향도 무시할 수 없다. 지지나 격려가 부족하면, 목표를 향한 열정이 쉽게 식어버리고 만다. 그렇다면 목표를 명확하게 설정하고, 이를 실행으로 옮기기 위해서는 어떤 전략이 필요할까?

"모임을 재정비하고 다시 시작해 보는 것이 어때요?"
코로나19로 인해 외부 활동들이 중단됐다. 대신 온라인으로 독서 심리 자격증 교육을 이수하여 마침내 1년 과정 끝에 '독서 심리 지도사 자격증'을 취득했다. 그러나 코로나는 끝날 기미가 보이지 않았다. 멈춰버린 것만 같은 이 시간을 활용하여 새로운 무언가를 시도하고자 했다. 독서에 취미가 생긴 덕에 심화 과정까지 도전하게 됐다.
수료생 6명이 모여 독서 모임을 시작했다. 모임에 참가한 이유는 단순했다. 한 달에 책 한 권이라도 읽자. 그렇게 얕은 생각으로 시작한 모임이었다. 결국 나이가 비슷한 선생들끼리 의견이 맞지 않아 모임이 해체됐다. 누구의 잘못도 아니었다. 단지 생각이 다른 것뿐이었다. 아쉬움이 남았다. 고민 끝에 6명 모두에게 똑같은 문자를 보냈다. 그중 2명은 하지 않겠다고 했다. 2명을 제외한 4명에서 모임을 다시 시작하기로 했다. 그 어느 독서 모임보다 알차게 진행하려고 서로가 노력했다.

　토요일 새벽 6시. 온라인으로 진행했다. 한 달에 한 번은 오프라인으로 만나 부족한 부분을 서로 채워갔다. 리더도 돌아가며 하기로 했다. 서로 더 깊이 이해하고 함께 성장하는 모임이 되었다. 1년이 지났다. 그동안의 시행착오를 돌아보며 서로를 좀 더 알아가기 위해 워크숍을 열기로 했다. 지난 1년 동안 알차게 해왔다는 의미도 담겨 있다. 만장일치로 1박 2일 워크숍을 하기로 결정했다.

　워크숍을 기획하며 목표를 설정하고, 구체적인 실행계획을 세웠다. 주제는 '꿈을 현실로 바꾸기'로 정하고, 이를 위해 다양한 활동을 계획했다. 서로의 역량을 발견하고, 함께 성장하는 시간을 갖기로 했다. 서로를 더 깊이 이해할 수 있었고 한층 더 사이가 단단해지는 계기가 되었다. 독서 모임이 단순한 책 읽기 모임을 넘어, 함께 성장하고 꿈을 이루는 모임으로 거듭나고 있다. 워크숍은 그 시작에 불과하며, 앞으로도 계속해서 우리의 꿈을 현실로 만들어갈 것이다.

※ 워크숍 1박 2일 일정

1일차

시 간	활 동
15시 00분	호텔 체크인
15시 00분~16시 50분	음악 치유 시간, 오카리나 강의
18시 00분	저녁 식사(표선, 광어다)
19시 00분~19시 50분	표선해수욕장 모래사장에서 행복 찾기
20시 00분~21시 50분	독서토론『죽음의 수용소에서』
22시 00분~22시 30분	생일 축하 파티
22시 30분~23시 00분	미술치료
23시 00분~23시 50분	명상시간 및 레크레이션

2일차

시 간	활 동
06시 00분~6시 20분	일출보기
08시 00분~8시 50분	표선해수욕장에 몸을 던지다
09시 30분~10시 00분	숙소로 오는 승용차 안에서 가위, 바위, 보로 순서를 정하고 씻기
10시 30분~11시 00분	아침식사
11시 00분~	체크아웃
11시 20분~13시 00분	YOLO CAFE, 워크숍 마무리

일주일 전부터 소풍 가는 날을 기다리는 어린아이마냥 설렜다. 오카리나 악기로 시작했다. 처음 접하는 악기라 낯설고 서툴렀다. 회원 모두 진지한 태도로 활동하는 모습이 인상적이었다. 손가락을 하나씩 운지 구멍에 맞추고, 숨을 고르며 소리 내는 연습을 반복했다.

삑사리가 나기도 하고 박자가 어긋나기도 했다. 그렇게 한 시간쯤 지나자 〈작은 별〉 멜로디가 어설프지만 분명하게 흘러나왔다. 간단한 곡 하나를 완성했을 뿐인데도 뿌듯함이 느꼈다. 어느새 머릿속을 채우던 복잡한 생각들이 조금씩 가라앉았다. 다음엔 빅터 프랭클의 『죽음의 수용소에서』를 읽고 각자 느낀 점을 나누었다. 절망 속에서도 삶의 의미를 찾는 작가의 이야기에 깊은 감동을 받았다. 진심 어린 이야기가 오가며 서로를 이해하고 공감하는 분위기가 자연스레 만들어졌다. 이어서 발테그의 8가지 묘사 검사를 통해 자신을 돌아보는 시간을 가졌다. 그리고 표선해수욕장으로 자리를 옮겼다. 발끝이 모래에 닿는 순간, 따뜻하게 데워진 모래알이 부드럽게 흘러내렸다. 거친 듯하면서도 포근한 촉감이 발바닥을 감싸며, 오래된 피로가 녹아내리는 것 같았다. 곧 머리끝까지 시원해졌다. 바다의 숨결과 햇살, 파도 소리가 하나 되어, 몸과 마음 구석구석이 씻겨 내려갔다. 그 순간, 살아 있다는 감각과 마주했다. 이 모든 활동이 함께 성장하고 배려하며 격려할 수 있었던 시간으로 기억된다. 몸과 마음을 힐링하는 행복한 시간이었다. 꿈을 현실로 바꾸기 위해서는 명확한 목표 설정, 실질적인 계획, 그리고 실행에 옮기는 게 중요하다.

🎼 실천 사항

☑ **친구나 동료들과 함께 작은 워크숍을 시작해 보자**
거창하지 않아도 괜찮다. 서로의 관심사를 나누고, 배우며 격려할 수 있으면 된다.

☑ **가족과 당일치기 여행을 떠난다**
소중한 인연들과 함께 당일치기 여행이라도 계획하고 떠나보자. 익숙한 공간을 벗어나 함께 걷고, 이야기 나누는 시간만으로도 삶에 활력을 불어넣을 수 있다.

☑ **'언젠가'라고 했던 여행 계획을 구체화한다**
새로운 곳으로 떠나고자 하는 마음을 실행에 옮길 수 있는 용기가 필요하다.
여행지를 정하고, 날짜를 잡고, 예산을 짜 보자. 마음속에만 담아두기엔 인생은 짧고 시간은 빠르다.

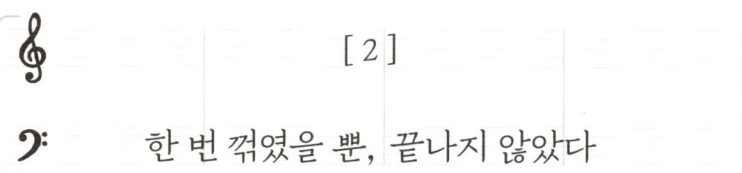

[2]
한 번 꺾였을 뿐, 끝나지 않았다

　IMF 외환 위기는 경제적 충격 이상이었다. 남편 사업도 흔들리기 시작했다. 환율이 상승하고, 많은 기업이 무너졌다. 사업 운영이 점점 어려워지면서, 공사대금을 받지 못하는 상황이 발생했다. 직원들 월급을 주기 위해 은행 대출 21%의 높은 이자를 감당하며 돈을 빌려야 했다. 이런 상황이 점점 더 현실로 다가와 경영난에 시달렸다. 더는 버틸 수 없어 폐업하고 말았다.

　'이게 뭐지? 이 노란색 딱지들이 왜 붙어 있지?'
　엎친 데 덮친 격이다. 평소와는 다르게 온 집안에 차가운 기운이 돌았다. 노란색 딱지가 집안 모든 물건에 붙어 있는 걸 봤다. 친정엄마가 결혼 전에 사주신 피아노에도. 영문을 몰랐다. 퇴근한 남편에게 물었다. 그는 잠시 생각에 잠긴 후, 미안하다고 말했다. 그리고 힘없이 말을 꺼냈다. 결혼 전에 세 들어 살던 형님에게 은행 보증을 서줬다는 것이다. 그가 돈을 갚지 않고 자취를 감춰버렸다고 말했다. 좋은 마음에서 집을 담보로 보증을 서줬는데 상황이 좋지 않아 대출금을 갚지 못했다. 그로 인해 세무서 직원이 집안 모든 물건에 압류 딱지를 붙이고, 살고 있던 집까지 경매에 부친다는 것이다. 순간 막막해졌다. 아이들은 어렸고, 살고 있던 집마저 잃게 될 상황이었다. 그 후 남편은 사람에 대한 믿음이 깨졌고 실망과 배신감으로 인해 좌절감에 빠졌다. 그는 매일같이 술로 자신의 절망감을 달랬다. 그런 남편을 바라보며 어떻게 해야 할지 몰랐다. 그를 이해하고 돕고 싶었다. 하지만 날이 갈수록 그의 술주정은 심해졌다. 수없이 마음을 다잡았다. 어떻게든 함께 버텨보자고. 하지만 날이 갈수록 그의 말은 혀끝에서 독처럼 새어 나왔고, 술에 절은 분노는 가구들과 벽을 향해 터졌다. 결국 아들과 딸을 데리고 물 부엌이 있는 단칸방으로 몰래 몸을 피신했다. 물 부엌과 오래된 단칸방. 아이가 잠든 뒤에도 오랫동안 등을 벽에 붙인 채 깨어 있었다. 두 귀엔 아직도 그의 고함소리가 윙윙 울리고 있었다.

"엄마, 오늘만 아르바이트 안 가면 안 돼?"
"우리 딸, 조금만 더 참자. 엄마가 열심히 일해서 돈 많이 벌어올게."
경제적으로 힘든 날의 연속이었다. 마음을 다잡고 힘을 내기로 했다. 모든 고통을 혼자 끙끙 앓아야 했다. 책임져야 할 아들과 딸이 있었기에 다시 일어설 수 있었다.
어느 날 저녁, 딸이 손을 잡고 애원했다. "엄마 오늘만 나랑 같이 있어 주세요." 그 한마디에 가슴이 미어졌다. 아들은 축구 선수로 고등학교 기숙사에 살고 있었다. 그래서 딸과 둘이서 지내야만 했다. 딸의 눈에는 외로움과 간절함이 가득 담겨 있었다. 잠시 망설였다. 생활비를 마련해야 한다는 현실이 떠올랐다. 딸의 기대를 저버리는 것 같아 미안했다.

아르바이트를 마치고 밤늦게 집에 왔다. 그런데 집안이 조용했다. 딸이 있어야 할 집 안은 불이 꺼져 있었고, 텅 비어 있었다. 순간 심장이 철렁 내려앉았다. "딸!" 그녀의 이름을 여러 번 불러보았지만, 대답은 들리지 않았다. 서둘러 전화를 걸었다. 전화기 너머에서는 아무 응답이 없었다. 수많은 생각이 머릿속을 스쳤다. 혹시 무슨 일이 생긴 것은 아닐까? 걱정스러운 마음에 잠을 이룰 수 없었다.

다음 날 아침, 그녀가 돌아왔다. 잔뜩 지친 얼굴로 문을 열고 들어온 그녀를 봤다. 어디 갔었는지 물었다. 눈물을 머금고 작은 목소리로 말했다. "엄마… 혼자 있는 물 부엌이 너무 무서웠어. 문도 잠기지 않았어. 그래서 친구 집에서 잤어." 그 말을 듣는 순간 가슴이 아팠다. 좁고 낡은 물 부엌에서 딸이 느꼈을 공포와 외로움이 고스란히 전해져 왔다. 내가 선택한 이 공간이 딸에게 안정감이 아닌 두려움을 주었다는 사실에 마음이 쓰렸다.

"미안하다, 우리 딸…."
"엄마, 괜찮아. 나도 열심히 노력할게."

딸이 가만히 품에 안기더니, 조심스레 말을 꺼냈다. 그날 이후, 더욱 열심히 일하기로 마음먹었다.

어린이집 원장 자격증과 보육교사 1급 자격증이 있어 오전에 아르바이트를 할 수 있었다. 어린이집에서는 더 많은 책임을 맡으며 인정받으려 애썼고, 저녁 아르바이트는 조금씩 줄였다. 피곤에 지쳐가는 날들이었지만, 딸과의 대화와 그녀의 웃음은 큰 힘이 되었다. 딸은 더 이상 투정 부리지 않고 평소보다 더욱더 노력하는 모습이 보였다. 물론 여전히 어려움은 많았다. 남편과의 관계는 더욱 멀어져 갔고, 그의 책임 전가와 상처 주는 말은 끊이지 않았다. 하지만 딸과 의지하며 힘을 냈다. 우리는 함께라면 무엇이든 이겨낼 수 있다는 믿음을 가졌다. 단칸방에서의 생활은 여전히 쉽지 않았지만, 그녀와의 관계는 점점 더 단단해지고 있었다. 그녀가 나를 지탱하는 힘이 되어줬고, 나 역시 그녀를 위해 멈추지 않고 앞으로 나아갔다.

이런 어려운 시기를 겪고 어떻게 극복했냐고 묻는다면, 사실 극복했다기보다 음악을 통해 자연스레 치유를 받았다고 하는 것이 더 맞는 표현이다. 음악학원을 운영하면서 열정과 사랑을 아이들에게 전해주기 위해 최선을 다했다. 그런 시간을 통해 감정을 표현하고, 삶의 어려움을 극복하는 힘을 배울 수 있었다. 딸도 음악을 즐기며, 음악을 통해 스스로를 치유하고 있었다. 성인이 된 지금도, 가끔 혼자 코인노

래방을 가거나 악기 연주를 하며 스트레스를 해소한다고 한다. 그러고 나면 기분이 한결 좋아진다며. 그렇기에 음악은 굉장한 힘이 있다고 믿는다. 당신도 음악의 아름다움과 함께, 삶의 고난을 이겨낼 수 있는 하나의 방법이 되기 바란다. 크고 작은 어려움을 겪어보고 이를 극복하다 보면 어느새 더 나은 내일을 살아가고 있을 것이다.

남편의 사업 실패는 결국 나를 더 강하게 만들었고, 삶의 소중함을 일깨워주는 계기가 되었다. 삶의 어려움을 극복한 경험은 더 나은 내일을 만들어가는 힘을 주었다.

🎼 실천 사항

- ☑ **나를 지탱하는 한 가지를 찾는다**
  삶이 흔들릴 때마다 다시 일어날 수 있게 해주는 무언가가 필요하다. 음악이든, 글쓰기든, 걷기든 당신만의 중심을 찾아보자.
- ☑ **누군가의 곁에 있어 준다**
  딸의 한마디, "엄마, 오늘만 아르바이트 안 가면 안 돼?" 그 말은 단순한 요구가 아니라 함께 있고 싶은 간절함이었다. 곁에 있어 주는 것만으로도 위로가 되는 사람이 되자.
- ☑ **어려움을 감추지 말고 정면으로 마주한다**
  모든 고통을 혼자 끙끙 앓아야 했다. 그 시간은 분명 힘들었지만, 그것이 다시 시작할 힘이 되었다. 감정을 회피하지 말고 천천히 들여다보며 걸어 나가자.

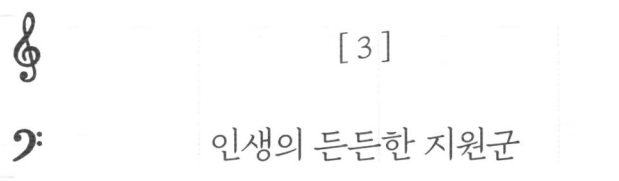

[3]
인생의 든든한 지원군

　사람은 누구나 자신의 인생에서 든든한 지원자가 필요하다. 나에게도 그런 든든한 지원자가 있다. 가족으로는 언니, 좋은 일도 나쁜 일도 함께하는 동료이자 선배, 그리고 어릴 때부터 같이 성장한 소꿉 친구이자 강사 등. 그들의 존재는 삶에 큰 힘이 되어 주고 있다.

　10년 이상 학원에서 서로의 고민을 나누는 친구가 있다. 의견을 교환하는 과정에서 더욱 성장할 수 있었다. 서로 성격이 다른 우리는 단점을 보완해 주고, 부족한 부분을 채워주면서 긍정적인 영향을 주고 받는다. 어려운 시기에 선배의 응원과 격려는 힘이 됐다. 학원이 한창 어려움을 겪을 때, 그는 언제나 긍정적인 마인드로 문제를 함께 해결하려고 했다. 그들은 단순한 친구이자 선배를 넘어, 진정한 파트너이자 든든한 동반자다.

　학원이 성공적으로 운영되고 있으며, 학생들에게도 도움을 주고 있다. 오랜 시간 함께하며 그들과 쌓아온 신뢰와 우정은 소중한 부분 중 하나로 자리 잡았다. 그들과의 인연은 많은 것을 가르쳐 주었고, 함께 성장해 나가고 있다는 점에서 서로에게 큰 의미가 있다.

사업 파트너 친구! 초등학교 동창이다. 같은 마을에서 자라지는 않았다. 초등학교, 중학교까지 같이 다녔다. 하루는 네이버밴드를 무심코 열었는데 그녀의 생일을 알리는 문구가 떴다. 같은 동네에 살고 있기에 '점심이나 같이 먹을까?' 하고 안부전화 했다. 항암 치료 후 집에서 쉬고 있었다. 1년 이상 외부활동을 못했다며 반가워서 헐레벌떡 나왔다. 집에서 가까운 '진미식당'에서 점심을 먹기로 했다. 제주도민들 사이에 꽤 유명한 맛집이다. 오랜만에 만나서 이런저런 이야기들을 했다. 그녀는 음악학원 강사로 다니다 유방암으로 쉬고 있다고 했다. 일하고 싶어 했다. 마음이 깊은 친구라 그런지 고민거리를 누구에게 털어놓지 못하고 속으로만 끙끙 앓고 있었다. 고민했다. 당장은 강사가 필요하지 않은 상황이라 "조금만 기다려줄래?"라고 말했다. 며칠이 지났다. 마침 근무하고 있던 강사가 여러 사정상 근무를 이어나가기 힘든 상황이었고 긴 의논 끝에 학원을 그만두기로 했다. 그 후 지금까지 10여 년을 동고동락하고 있다. 물론, 좋은 일만 있었던 건 아니다.

"우리 아이 어디 있어요?"
"아니 그럴 리 없어요."
잠든 아이를 학원 차량 속에 놔두고 내린 거다. 다급한 목소리로

2장 꿈을 현실로 바꾸어라

전화가 왔다. 아이가 집에 올 시간이 됐는데 오지 않았다고 한다. 기사님과 친구인 동승 선생이 하원 차량 마치고 학원차에서 내리자마자 일어난 일이다. 황급히 나가 학원 차의 문을 열었다. 아이는 뒷좌석에 잠이 들어 있었다. 아찔한 순간이었다.(단 5분 동안 일어난 상황이었다.)

그럼에도 불구하고, 친구는 적극적으로 학원 운영에 도움을 주었다. 학원생들과의 소통도 원활했다. 주변에 원장들이 강사 구하기가 힘들어할 때 걱정 없이 운영할 수 있었다. 어려운 시기에 함께 고민했고 큰 힘이 되어 주었다. 친구의 헌신과 긍정적인 마인드는 학원 성공에 중요한 역할을 했다. 진정한 파트너십의 중요성을 깨달았다. 서로에 대한 신뢰는 성장과 성공에 큰 영향을 주었다. 이렇듯 믿을 수 있는 파트너와의 협력으로 어려움을 함께 극복해 나가는 과정이 성공의 밑거름으로 작용한다.

든든한 지원자인 또 한 사람, 소중한 언니! 어려운 일이 있을 때마다 그녀는 경제적, 정신적으로 큰 힘이 되어 주었다. 덕분에 힘든 시기를 잘 이겨낼 수 있었다. 엄마와도 같은 든든한 존재다. 그녀가 성장의 밑거름이 되었다.

가족과의 관계는 삶에서 가장 중요한 지원 시스템 중 하나다. 가족의 도움, 그 소중함은 무엇보다도 비교할 수 없다. 하지만, 이를 당연히 여기고 가치를 제대로 인식하지 못하는 경우가 많다. 바쁜 생활 속에서 가족 간의 진정한 지원이 어떻게 이루어지고 있는지를 돌아보는 것은 중요하다. 경제적 지원을 넘어, 정서적 지지와 실질적인 조언까지 말이다. 언니는 무슨 일이 있었는지 먼저 전화하고는 안부를 묻고 아픈 마음에 진심으로 귀를 기울여 주었다. 그 덕분에 혼자가 아니라는 생각이 들었다. 마음이 조금씩 놓이면서, 위로받고 있다는 게 느껴졌다. 어느새 다시 견딜 힘이 생겼다.

든든한 글쓰기 지원자는 우주 힐링 이은정 교수다.

모닝 페이지를 꾸준히 썼다. 글쓰기는 혼자 하는 작업이라고 생각했다. 강의를 들으면서 생각이 바뀌었다. 매주 화요일 저녁 9시와 금요일 아침 5시 30분, 일주일에 2번 온라인 강의를 통해 글쓰기 여정의 든든한 지원자가 되었다.

늦은 밤과 이른 새벽에도 변함없이 강의를 진행하는 모습에서 글쓰기에 대한 애정과 관심을 느꼈다. 단순히 글을 잘 쓰는 법을 가르치는 게 아니다. 글을 통해 나 자신을 표현하고 한 문장, 한 단어까지도 신중하게 다듬도록 지도해 주셨다. 글쓰기 여정에 있어서 나침판과 같은 존재다. 매주 듣는 강의는 단순히 수업이 아니라 내 안에 잠재된 글쓰기의 가능성을 일깨워주는 소중한 시간이다.

가족, 친구, 그리고 동료들의 지원은 성장과 성공을 돕는 중요한 기둥이 된다. 지원자의 존재는 어려운 시기에도 포기하지 않게 하는 든든한 버팀목으로 작용한다. 당신의 든든한 지원자를 돌아보고, 그들에게 감사의 마음을 전하며 함께 성장하는 소중한 기회가 되기를 바란다. 힘든 순간에도 누군가와 함께라면 어떤 어려움도 극복할 수 있으니까.

🎼 실천 사항

- ☑ **서로 성격이 다르면 단점을 보완해 주고, 부족한 부분을 채워주면서 긍정적인 영향을 주고받는다**
  지금 당신 곁에 있는 동료나 친구 중 서로에게 힘이 되어주는 존재가 있는지 돌아본다.
- ☑ **가족과의 관계는 삶에서 가장 중요한 지원 시스템 중 하나다**
  바쁘다는 이유로 무심히 지나친 가족의 존재를 떠올려보자. 최근에 따뜻한 대화를 나눈 때가 언제였는지 생각해 보자.
- ☑ **당신 삶에서 나침판이 되어준 사람이 있다면 떠올려보자**
  그 사람이 작가이든, 선생님이든, 친구이든 상관없다. 그 사람을 떠올리며 어떤 영향을 받았는지 짧게 기록해 보자. 그리고 그 사람에게 직접 고마움을 전할 기회가 있다면 용기 내어 표현해 보자. 그 연결은 당신의 다음 여정에도 큰 힘이 될 것이다.

[4]
포기란 없다, 그것은 선택지가 아니다

　보육교사와 방과 후 학교. 아르바이트를 하면서 아이들을 만났다. 그들은 단순히 꿈을 꾸는 것이 아니었다. 꿈을 이루기 위해 한 걸음씩 나아가고 있었다. 순수한 열정과 희망은 언제나 큰 영감을 주었고, 많은 것을 배웠다. 그 경험을 바탕으로, 꿈을 현실로 바꾸는 과정에서의 포기란 없다는 것을 확신하게 됐다. 당신의 꿈을 이루기 위해서는 끈기와 노력이 필수적이다. 때로는 고난과 좌절이 기다리고 있다. 하지만, 그 모든 과정을 통해 더욱 강해지고, 성장하게 된다. 꿈을 향한 여정에서 포기란 결코 선택지가 아니라는 점이다.

　어떻게 꿈을 이루기 위한 여정을 이어 나갈 수 있었을까. 매일 작은 목표를 세우고, 그것을 달성하기 위해 끊임없이 노력했다. 꿈을 현실로 바꾸기 위해서는 단순히 열정만으로는 부족하다고 생각했다. 진정한 성공은 끈기와 지속적인 노력이 뒷받침될 때만 이루어진다. 또한, 꿈을 이루는 과정에서의 어려움은 성장의 기회라는 사실을 잊지 말자. 어려움과 실패를 통해 더 강해지고 지혜로워진다. 아이들의 열정과 끈기는 큰 자극이 되었다. 도전을 극복하는 과정에서 많은 것을 배웠다. 꿈을 향한 여정에서 마주하는 모든 난관은 그 자체로 의미가 있다.

드럼만을 고집했던 아이, 진로를 바꾸다

피아노 전공자의 길을 가고 있는 주연이. 초등학교 3학년 때 만나, 지금까지 인연을 맺고 있다. 그와의 에피소드가 있다. 클래식 기타를 가르치기 위해 초등학교 방과 후 수업에 갔다. 수줍음을 많이 타는 남자아이며 존재감이 없는 학생이었다. 며칠 뒤, 그가 엄마 손을 잡고 학원에 찾아왔다. 드럼을 배우고 싶다면서 상담 후 등록했다. 엄마는 그에게 드럼을 가르쳐 주고 싶은 마음은 없었다. 피아노 악보라도 익혔으면 하는 마음이었다.

우선 드럼 수업을 시작했다. 시간이 지나면서 드럼뿐만 아니라 피아노에도 관심을 보였다. 결국 피아노를 본격적으로 배우기 시작했다. 피아노를 배우게 되기까지는 많은 어려움이 있었다. 다른 아이들과는 달리 초등학교 고학년이 돼서 시작했다. 그 때문인지 스스로 잘하지 못한다고 생각했다. 레슨방에서 나오지도 않았고, 고민도 많았다. 조금 치다가 손가락이 아프다고 했다. 점점 흥미를 잃어가고 있을 무렵 한 가지를 제안했다. 학원연합회에서 진행하는 피아노 급수 대회에 나가보자고 한 것이다. 그 후로 자신감이 생겼다. 중학교

2학년 때는 전도 피아노 콩쿠르대회에서 중·고등부 1등을 했다. 시간이 흘러 입시를 준비할 시기가 되었고, 그는 올해 K대학교 피아노과에 합격했다.

"원장님! 피아노 줄이 끊어졌어요."

그의 손끝이 건반 위에서 춤을 춘다. 한 곡을 완벽하게 연주하기 위해 수없이 반복하며 건반 위를 달린다. 온몸이 함께 움직인다. 실수가 나올 때마다 다시 처음부터, 또 처음부터, 손가락이 떨리고 손목이 뻐근해도 멈추지 않는다. 어느 날 피아노에서 날카로운 소리가 났다. 피아노 줄이 끊어진 것이다. 강한 타건과 수많은 반복 연습 끝에 결국 피아노 줄이 버티지 못한 것이었다. 하지만 그는 멈추지 않았다. 그에게 피아노 연습은 단순한 기술 습득이 아니다. 자신과의 싸움이었고 끝까지 해내겠다는 다짐이었다. 피아노 줄이 끊어질 때까지 연습했지만, 눈빛에는 "포기란 없다"라는 결심이 담겨져 있었다.

꿈을 향한 여정에서 포기하지 않는 자세의 중요성을 새삼 깨닫게 해주었다. 드럼만 하겠다고 했던 그가 음악에 대한 애정을 발견하고, 결국 자신의 진로를 정하게 되었다. 꿈을 향한 끊임없는 노력과 열린 마음이 얼마나 중요한지를 보여준다. 꿈을 이루기 위한 여정에서 끈기와 도전이 필수적임을 잘 보여준 사례다.

그는 단순히 꿈을 꾸는 것을 넘어, 자신의 목표를 향해 끊임없이 노력하는 모습을 보여주었다. 수줍어하던 예전 모습과 달리 매일 꾸준히 연습하며 실력과 자신감은 점점 더 성장하고 있었다. 끈기와 노력의 결과다. 다시 한번 강조하지 않을 수 없다. 꿈을 현실로 바꾸는 과정에서 포기란 결코 선택지가 아니다. 각자의 꿈을 이루기 위해서는 지속적인 노력이 필요하다. 때로는 어려움과 좌절이 당신을 끊임없이 시험한다. 그 모든 과정이 결국 성장의 기회를 제공한다. 실패와 어려움 속에서도 포기하지 않고 꾸준히 나아가는 자세가 중요하다.

위에서 강조한 내용을 정리해 보자면,
먼저, 끊임없는 노력이 중요하다. 꿈을 이루기 위해서는 단순한 열정만으로는 부족하다. 실패에도 포기하지 않고 계속해서 노력해야만 진정한 성취를 이룰 수 있다. 주연이가 목표를 향해 계속 도전하는 모습에서 진리를 깨달았다. 둘째, 어려움은 성장의 기회를 가져온다. 꿈을 향한 여정에서 마주하는 어려움은 단순한 장애물이 아니다. 오히려 성장하게 만드는 중요한 기회이다. 어려움을 극복하는 과정에서 더 강해지고 지혜로워진다. 그의 끈기 있는 노력과 도전에서 교훈을 얻었다. 셋째, 포기는 선택지가 아니다. 꿈을 현실로 바꾸기 위한 여정에서 포기는 결코 해결책이 아니다. 실패와 좌절이 있더라도 포기하지 않고 지속적으로 나아가는 것이 중요하다. 포기하지 않는 자세가 결국 꿈을 이루는 가장 확실한 길임을 확신하게 되었다.

> 🎼 **실천 사항**

- ☑ **오늘 할 수 있는 작은 목표부터 시작한다**
  꿈은 거창할 필요 없다. 하루하루 할 수 있는 작은 목표를 정해보자. 예를 들면 오늘은 10분 더 연습하기, 한 페이지라도 책 읽기 같은 거다. 큰 꿈도 작은 습관에서부터 시작되니까.

- ☑ **어려움은 성장의 신호다**
  피아노 줄이 끊어진 건, 그만큼 간절했다는 증거다.
  힘들고 지칠 때가 진짜 성장하는 시기다. 실패했다고 실망하지 말고, 그 안에서 배울 수 있는 걸 찾아보자.

- ☑ **'포기 안 해'라고 입 밖에 꺼낸다**
  힘들 땐 스스로에게 말해보자. 입 밖으로 꺼낸 말은 생각보다 큰 힘을 준다.

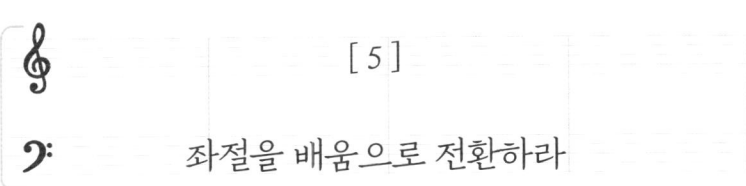

[5] 좌절을 배움으로 전환하라

『해리포터』 시리즈의 작가 J.K. 롤링은 이렇게 말했다.

"실패는 쓸모없어 보일지 모르지만, 불필요한 것을 걷어내고 내가 진짜 누구인지 보여주는 거울이었다."

좌절은 삶에서 피할 수 없는 경험 중 하나다. 누구나 실패하고, 한계를 느끼며 낙담하는 순간이 있다. 때로는 그것이 자존감을 흔들고, 앞으로 나아갈 힘을 잃게 만들기도 한다. 하지만 좌절이 반드시 부정적인 것만을 의미하는 것은 아니다. 오히려 좌절은 당신을 돌아보고, 성장을 위한 전환점을 마련해주는 기회가 된다. 문제는 그 기회를 어떻게 활용하느냐에 달려 있다. 좌절에 머물러 있으면 무기력에 빠지거나 아예 포기해버린다. 그렇기에 좌절 속에서도 배움을 찾고, 이를 성장의 자산으로 바꾸려는 자세가 필요하다. 좌절을 어떻게 극복할 것인가, 그리고 그 경험을 어떻게 긍정적인 변화로 이끌 것인가는 당신에게 던져야 할 중요한 질문이다.

이처럼 좌절은 개인의 문제인 동시에, 누구나 겪는 경험이다. 그래서 더욱 나눌 필요가 있다. 감정을 감추기보다 용기 내어 꺼내놓을 때, 비로소 진짜 위로가 시작된다. 누군가의 고백이 또 다른 이에게 용기를 주고, 작은 이야기가 큰 공감으로 이어진다. 공감은 단지 말로 끝나지 않는다. 행동으로, 관심으로, 때로는 조용한 곁에 있음으로 이어진다. 그런 관계 속에서 좌절은 점차 치유되고, 한 걸음씩 앞으로 나아갈 힘을 얻게 된다. 좌절을 통해 깨달은 것들을 공유하면서, 함께 배우고 성장하는 공동체가 만들어진다. 결국 좌절은 무너짐이 아닌, 다시 일어서는 출발점이다. 그 순간을 어떻게 받아들이고, 어떻게 견디며, 어떤 의미를 부여하느냐에 따라 삶의 방향이 달라진다.

 1998년 말, 지인이 운영하던 음악학원을 인수받았다. 간판은 그대로였지만, 내부는 새롭게 단장했다. 바랜 커튼을 걷어내고, 피아노를 닦고 조율하며 마음까지 정돈했다. 아이들이 마음 놓고 음악에 몰입할 수 있는 공간을 만들고 싶었다. 입소문을 타며 아이들이 하나둘 찾아들기 시작했고, 자리를 잡아가는 듯했다. 그러던 중 2000년대 초, 정권이 바뀌자 사회는 영어 조기교육 열풍에 휩싸였다. 골목마다 영어학원이 들어서고, 학부모들의 관심은 빠르게 음악에서 영어로 옮겨갔다. 많은 학원이 영어 교육으로 변신했고, 새로운 영어학원들이 쏟아졌다. 음악학원은 점점 어려운 상황에 놓이게 되었다. 학생들은 영어학원으로 향했다. 예·체능계 학원들이 하나, 둘… 폐원하는 상황이 됐다. 필자가 운영하는 음악학원 역시 학생 모집에 어려움을 겪었다.

   열정과 꿈을 가지고 학원을 시작했지만, 현실은 예상보다 가혹했다. 학생 수는 줄어들고, 운영 비용은 계속 증가했다. 학원의 재정적 부담은 커져만 갔다. 결국, 학원을 계속 유지하기 어렵다는 결론에 도달했다. 이런 상황에서 좌절감이란 말로 표현하기 어려울 정도였다. 열정과 노력이 헛된 것처럼 느껴졌다. 실망스러움에 '다시는 학원을 하지 않겠다.'라고 결심했다. 수많은 시간과 노력을 투자했지만, 결국 실패의 결과를 맞이하게 된 것이다. 당시에는 좌절의 순간이었지만, 이를 통해 중요한 깨달음을 얻었다. 실패는 단순한 종착점이 아니라, 새로운 배움의 출발점이라는 것을. 음악 교육에 대한 열정은 여전했다. 실패를 통해 얻은 교훈은 추후 음악학원을 다시 운영할 때 중요한 자산이 되었다.

   실패와 좌절이 가져온 의미를 다시 한번 되새기며, 이전의 경험을 바탕으로 더욱 강하고 지혜로운 도전을 할 수 있게 됐다. 그 경험은 오히려 인생에 큰 가치를 더한 소중한 시간으로 남아 있다. 학원 폐원이 오히려 내실을 쌓는 계기가 됐고 이를 바탕으로 끊임없이 노력했다. 실패에 좌절하지 않고 노력한 결과로, 현재는 규모나 내실 면에서 남들이 부러워하는 규모를 갖추고 있다.

좌절과 실패는 누구에게나 찾아올 수 있는 불가피한 경험이다. 중요한 것은 실패나 어려움을 겪었을 때 어떻게 대응하느냐이다. 경험을 통해 얻은 교훈은 '좌절이 끝이 아니라 새로운 시작점이 될 수 있다.'는 것이다. 실패는 단지 결과일 뿐이고, 좌절은 하나의 과정일 뿐이라고 받아들이자. 그러니 좌절의 순간에 멈추지 말고 그 경험에서 배우고 나아가야 한다. 비록 실패로 인해 한 단계 물러서더라도 그 과정에서 얻은 지식과 경험은 다음 도전에 큰 도움이 된다. 실패를 두려워하지 말고 그것을 성장의 기회로 삼아 더 나은 미래를 향해 나아가라. 좌절 속에서도 긍정적이고 적극적인 태도를 유지하며 지속적으로 노력하는 것이 성공의 열쇠임을 기억하며.

좌절로부터 배우려면 첫째, 좌절을 성장의 기회로 삼아야 한다. 좌절과 실패는 인생의 끝이 아니라 새로운 시작의 기회다. 이를 통해 배운 교훈과 경험은 앞으로의 도전에 큰 자산이 된다. 둘째, 자신감을 잃지 말고 열정과 노력을 지속해야 한다. 지속적인 열정이 어려움을 극복하는 원동력이 된다. 실패에 굴하지 않고 끊임없이 노력을 기울이면, 결국 원하는 목표를 이룰 수 있을 것이다. 셋째, 경험에서 배우는 것이 중요하다. 실패와 좌절을 겪으면서 얻은 경험을 바탕으로 자신을 돌아보고 발전시키는 것이 중요하다. 좌절은 새로운 시작의 기회이며, 열정과 지속적인 노력은 꿈을 이루는 열쇠다. 실패에서 얻은 교훈은 당신을 더 강하게 만들고, 발전의 밑거름이 된다는 사실을 잊지 말아야 한다.

🎼 실천 사항

- ☑ **실패는 끝이 아니라 다시 시작하는 신호다**
  지금의 좌절이, 언젠가 당신만의 지혜로 바뀐다. 넘어졌다면, 그 자리에 그냥 앉아 있지 말자. 거기서 배운 걸 바탕으로 다시 일어서면 된다.

- ☑ **좌절의 경험은 인생에 큰 가치를 더한 소중한 시간으로 남아 있다**
  지금은 고통스럽겠지만, 나중엔 당신을 살린다. 힘들었던 순간이, 훗날 당신을 가장 강하게 만든 시간으로 기억된다.

- ☑ **열정과 지속적인 노력은 꿈을 이루는 열쇠다**
  포기하고 싶을 때 그 순간을 견디면, 결국 당신만의 길이 열린다는 걸 기억하자.
  견디는 그 한 걸음이, 당신만의 길을 열어줄 것이다.

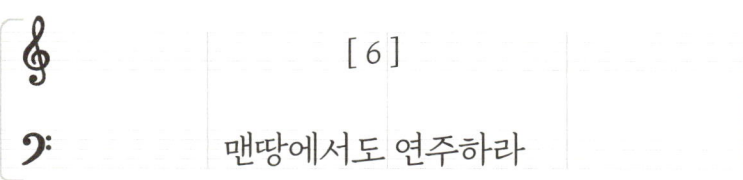

[6]

맨땅에서도 연주하라

"여보세요?" / "오랜만이네요."
"음악학원 다시 해 볼 생각 없어?" / "이제 학원 안 해요!"
"놀이터가 앞에 있어서 위치가 좋은데 한번 다시 해보는 건 어때?"

전화기 너머 반가운 목소리다. 음악학원을 운영할 때 가깝게 지냈던 4살 많은 원장이다. 다신 하지 않겠다는 말과 달리 미련이 남아 있었나 보다. 생각해 보겠다고 답하고, 학원 위치를 탐색하기 시작했다. 고민이 되었다. 한번 실패했고 가지고 있는 돈도 없었다. 더군다나 학원생이 한 명도 없는 상태로 시작해야 했다. 말 그대로 '맨땅에 헤딩'인 셈이다.

아침 8시, 저녁 6시. 하루 두 번, 출 퇴근길에 일주일 내내 학원 앞 놀이터에 아이들 움직임을 유심히 살폈다. 알록달록한 옷을 입은 초등학생들이 미끄럼틀을 타고, 그네를 밀며 깔깔 웃었다. 발자국 소리, 웃음소리, "나 잡아봐라!" 하는 고함이 뒤섞여 활기로 가득했다.

듣던 대로 놀이터에는 아이들이 많이 뛰어놀고 있었다. 조금씩 마음이 흔들리기 시작했다. 날이 갈수록 그 열기에 자연스레 마음이 끌렸다.

 누군가는 무모하다고 말할지도 모른다. 하지만 아무것도 보장되지 않은 맨땅 위에 몸을 던져본 경험이 있는가? 실패와 어려움을 직면하며 다시 일어설 때, 자신의 강한 의지와 노력으로 새로운 기회를 만들어 낼 수 있다. 첫 학원 운영 실패를 경험한 후, 두 번째 학원을 성공적으로 운영해야 했다. 학원 홍보지 배포를 포함하여 홍보하는 일에 끊임없는 노력을 기울였다. 결과적으로 목표를 달성할 수 있었다.

 처음 학원을 운영하면서 예상치 못한 어려움에 직면했다. 결국 학원을 폐원하게 됐다. 그러나 이 실패를 통해 많은 교훈을 얻었고, 다시 일어설 준비를 했다.
 2011년 8월 16일, 두 번째 학원을 오픈했다. 음악학원에 근무하고 있었다. 당장 일을 그만둘 수 없었다. 지인을 음악학원에 와서 몇 시간만 봐 주기로 했다. 학생 수 0명으로 시작. 그러다가 2명이 됐다. 한 명은 강사 조카이고 한 명은 단골집 딸이었다. 그러던 중 한 달이 지났다. 학원에 집중하겠다는 결심을 하고 직장을 그만두었다. 학원생을 모으기 위해 여러 가지 방법들을 모색했다. 우선 초심으로 돌아갔다. 아이들에게 눈높이 교육을 했다. 수요일은 간식을 챙겨주고, 금요일에 음악 특강을 진행했다. 아이들이 즐겁게 다닐 수 있도록 환경을 만들어 주었다. 처음 학원 운영 실패를 분석하고, 학생들과 학부모의 요구를 철저히 반영했다. 교육과 경영목표를 세우고 실행에 옮겼다. 우선 교육목표는 개인별 레슨을 통해 실력을 향상시키되, 흥미를 느끼게 해주는 것에 초점을 두었다. 억지로 하루의 진도를 채우도록 하는 것이 아니라 스스로 연주하고 싶도록 방법을 찾았다. 옆에서 지지해주되 기다려주었다. 그 결과, 레슨실에 들어가기 싫어하던 아이들조차 음악을 진정으로 즐긴다는 것을 느낄 수 있었다. 목표는 0명에서 시작하여 100명까지. 이를 위해 홍보지 배포 등 홍보 활동에 집중했다. 직접 나서서 홍보하는 것을 쑥스러워하는 원장들도 있지만 간절했기에 포기하지 않았다. 학원 근처에 위치한 집들의 현관문에 홍보지를 붙이고 학교 입학식 때는 어김없이 학교 앞을 찾았다. 지나가는 사람들에게도 나눠주고 방문한 식당마다 양해를 구하고 붙였다. 노력에 비해 성과는 그리 크지 않았다. 차별화 전략이 필요했다. 다른 학원들보다 일찍 문을 열고 늦게 닫았다. 심지어는 토요일에도 문을 열었다. 이런 노력으로 학생 수는 계속 늘어났다.

모집한 학원생들을 유지하는 데에도 신경 써야만 했다. 학부모들을 위한 방법으로 먼저 월간 소식지를 만들어서 전달했다. 학원 블로그를 운영하여 학원생들의 사진과 동영상, 수업 진도 과정을 공유했다. 학원생들을 위해서 '정기 연주회'를 개최했다. 많은 시간과 노력이 필요했지만, 연주회를 위해 악보를 이해하고 외우는 과정에서 진심으로 음악을 느끼고 있는 학원생들을 보고 있을 때면 그 피로는 싹 사라져 버리곤 했다. 연주회를 통해 학원생들뿐만 아니라 학부모들의 만족과 반응이 좋았다. 이후 학생 수는 더 많이 늘기 시작했다. 지속적인 끈기로 목표했던 결과를 이루었다.

  0명에서 시작하여 확장 이전까지.

  '맨땅에 헤딩'을 하는 상황에서도 결국 끈기와 노력이 '성공의 열쇠'라는 것을 깨달았다. 학원 운영에서의 성공은 단순히 전략이나 기술에 의존하지 않는다. 끈기와 인내, 그리고 끊임없는 자기 개선이 성공의 기반으로 작용했다. 첫 번째 실패 경험으로 계획의 중요성과 경영의 기본 원칙을 배웠다. 이를 통해 더욱 단단한 기반을 마련할 수 있었다. 두 번째 도전에서는 실패의 경험을 바탕으로 철저한 준비와 실질적인 노력을 기울여 원하는 목표에 도달할 수 있었다.

🎼 실천 사항

☑ **'맨땅'을 두려워 말고, 시장 조사부터 시작하라**
    아침, 저녁 할 것 없이 학원 앞에 자리한 놀이터에 가서 아이들이 얼마나 놀고 있는지 일주일 내내 시장 조사를 했다. 작은 카페를 열고 싶다면 그 거리의 유동 인구를 관찰하고, 작가가 되고 싶다면 독자층을 연구해 보는 것이 좋다.

☑ **쑥스러움을 이겨내고 직접 홍보하라**

학원 근처에 자리한 집들의 현관문에 홍보지를 붙이고 학교 입학식 때는 어김없이 학교 앞을 찾았다. 직접 나서서 알리고, 블로그, 홍보지 한 장이라도 진심을 담으면 그것이 첫 인연의 씨앗이 된다.

☑ **학생 한 명 한 명을 위한 눈높이 교육을 해라**

학생들에게 억지로 하루의 진도를 채우도록 하는 것이 아니라 아이가 스스로 연주하고 싶도록 방법을 모색했다.

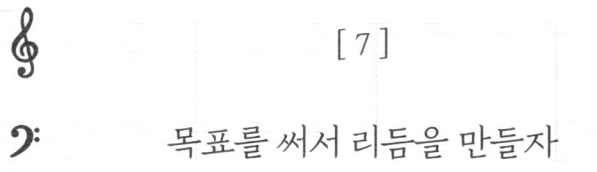

[7] 목표를 써서 리듬을 만들자

 목표를 매일 적는 것이 어떻게 긍정적인 사고를 유지하는 데 도움이 될까? 매일 목표를 적는 것은 삶에 긍정적인 변화를 가져온다. 구체적으로 말하자면, 생각만 하던 것을 적기만 해도 현실로 만들 수 있는 첫걸음을 내딛게 될 것이다. 실제로, 연구에 따르면 목표를 글로 적은 사람들은 그렇지 않은 사람들보다 목표를 달성할 확률이 훨씬 높다. 우리의 뇌가 명확한 글로 자신의 목표를 마주했을 때 이를 인식하고 실천하려는 변화를 일으키는 것이다.

 "엄마, 나 고입 시험 떨어졌어."
 고입 연합고사 시험 성적이 나오는 날이었다. 중학교 3학년이던 딸. 시간을 보니 점심시간이 조금 지났다. 갑자기 핸드폰 전화 소리가 났다. 놀라서 화면을 쳐다봤다. 딸에게서 걸려 온 전화다. 핸드폰을 들고 화장실로 향했다. 딸이 큰 소리로 울면서 억울한 목소리로 말을 이어나갔다.

"2문항 차이로 떨어졌어."

"괜찮아! 다른 방법을 찾으면 돼!"

말은 그렇게 했지만, 마음은 좋지 않았다. 근무 중이라 표정 관리를 해야 했다. 딸은 공부를 열심히 하지 않았다. 그렇지만 연합고사에 떨어지지 않을 실력이었다. 상상도 못 했다. 현실은 가혹했다. 시내에서 멀리 떨어진 고등학교에 갈 것을 제안했다. 처음에는 받아들이지 않았다. 친한 친구들은 시내 학교에 모두 합격했는데 홀로 시내에서 멀리 떨어진 학교에 가야 한다는 사실을 받아들이지 못하는 모양이었다. 결국, 그녀는 시내에서 30분 거리인 고등학교에 들어갔다. 매일 학교 버스를 타고 다녔다. 원했던 학교는 아니었지만 대학 입시를 위해 다시 힘을 내서 학업에 집중했다. 딸은 어릴 때부터 간호사가 되는 게 꿈이었기 때문에 마침내 간호학과에 입학하게 되었다.

"그렇게 간호장교가 되겠다고 하더니 결국 해냈구나!"

딸의 고등학교 동창들이 그녀에게 하는 말이다. 그녀는 종합병원에서 간호사로 일하며 안정된 직장생활을 했다. 간호대학원에도 다니며 열정적으로 사회생활을 해나갔다. 마음속에는 더 큰 꿈이 있었다. 바로 '간호장교'가 되는 것이었다. 사실 딸의 꿈은 간호사가 아닌 간호장교였다. 간호장교가 되기 위해 간호학과에 입학한 것이다. 이 목표를 이루기 위해 매일매일 목표를 적고, 그 목표를 달성하기 위해 꾸준히 노력했다. 이후 들어보니 주변에도 자신의 꿈이 간호장교라는 사실을 알리고 다녔다고 한다. 주변에 많이 알려야만 목표를 이룰 수 있을 것 같았다며.

 그 꿈이 현실로 다가오기 시작한 것은 아이 낳고 육아 휴직하면서부터였다. 육아와 가사라는 일상적인 책임 속에서도, 매일 목표를 기록하고 되새기며 자신의 꿈을 잊지 않았다. 매일 아침 이루고자 하는 목표를 적고 그 목표를 이루기 위한 작은 계획을 세우는 것이 하루 시작이었다. 장기적인 꿈을 추상적인 것으로 남기지 않았다. 실제적인 행동 계획으로 변화시켰다. 자신이 무엇을 해야 하는지 명확히 알고 있었다. 그래서일까. 그녀는 육아와 공부를 병행하는 어려운 상황에서도 긍정적인 사고를 유지했다. 목표를 명확히 했고, 꾸준히 실천해 나가면서 점점 더 자신감을 얻었다.

 꿈을 종이에 적는다고 해서 목표가 이루어지는 건 아니다. 노력이 따라야 한다. 간호장교 시험은 나이 제한이 있다. 만 27세까지 시험을 볼 수 있기 때문에 마지막 기회였다. 고민 끝에 도전장을 내밀었다. 처음에는 말렸다. 확고한 의지가 있었기에 그녀의 마음은 변하지 않았다. 서류제출하고 면접까지는 쉬운 일이 아니었다. 결국 합격하여 소위로 임관했다. 지금은 시간이 흘러 어느새 대위가 되었다. 거기에 머무르지 않고 운동과 독서, 영어 공부를 통해 끊임없이 자신을 발전시키는 데 힘쓰고 있다. 그녀는 매일의 목표와 기록이 얼마나 중요한 역할을 했는지를 깊이 깨달았다. 목표를 적으면서 자신의 꿈을 명확히 하고, 그에 따른 계획을 세워나가는 게 큰 힘이 되는지 실감했다. 딸의 경험이 증거다. 매일 아침, 작은 목표라도 하나씩 적어보자. 그 습관이 쌓이면 점점 생각과 행동이 달라진다. 중요한 건 '나는 할 수 있어'라는 믿음을 갖는 것이다. 그렇게 쌓인 하루들이 결국엔 꿈을 이루는 길이 된다. 작고 사소해 보여도, 매일의 실천은 절대 헛되지 않는다. 꿈은 멀리 있는 게 아니라, 지금 이 순간부터 시작되는 거니까.

성취는 목표 설정과 기록을 습관화한 결과다. 결국 인생의 중요한 전환점을 만들어 주는 강력한 도구다.

정리하자면, 목표를 이루기 위해서는 다음과 같은 노력이 필요하다.

첫째, 목표를 구체적으로 적어야 한다. 예를 들어, 올해 목표가 다이어트라면 '올해 다이어트를 성공할 것이다!'라고 적는 것이 아니라 육하원칙에 기반하여 '언제까지 어떤 방식으로 어느 만큼 살을 뺄 것이다.'처럼 정확히 적어 두는 것이 좋다. 필자의 경우, '3개월 안에 체지방 10% 이상을 뺄 것이다. 매일 공복 운동으로 1시간 동안 빨리 걷고, 식사량은 1/2로 줄일 것이다. 어떠한 상황에도 예외는 두지 않을 것이다.'라고 적어 놓았었다. 둘째, 적어 놓았다면, 눈에 보이는 곳에 두어 자주 확인한다. 절실한 목표를 야심차게 적어두고 서랍 속에 소중히 보관한다면 목표도 서랍 속에 잠들어버릴 것이다. 목표를 눈으로 자주 확인하여 동기부여를 지속할 수 있어야 한다. 이때, 당신의 목표를 주변에 알리는 것도 또 하나의 방법이 된다.

 셋째, 목표를 향한 실천을 반복해야 한다. 실천을 반복하라는 말은, 중간에 좌절하는 상황이 와도 주저앉지 않는다. 반드시 이루고야 말겠다는 다짐을 통해 다시 일어서서 목표를 향해 가라는 것이다. 잠깐 꺾였다면 멈춰가도 좋다. 멈춰있는 시간을 재정비하는 데 활용해 보자.

🎼 실천 사항

- ☑ **목표는 꼭 적어두자**
  단순히 머릿속으로만 생각하는 것과 글로 적어내는 것은 큰 차이가 있다.
  생각만 하고 지나치지 말고, 노트나 달력, 휴대폰 메모장이라도 좋으니 꼭 적어보자. 머릿속에만 있는 목표는 쉽게 흐려지지만, 글로 적는 순간 구체적인 '계획'으로 바뀌게 된다.

- ☑ **언제, 무엇을, 어떻게 할지 구체화하자**
  구체적으로 언제, 무엇을, 어떻게 할지 적어 두면 실천 가능성이 높아진다.
  '운동하기'보다 '매주 화, 목 오후 6시에 30분 걷기'라고 적어보자.

- ☑ **자주 보고, 자주 말하자**
  종이에 쓴 목표를 냉장고나 책상 앞에 붙여두고 매일 한 번이라도 눈으로 보자. 그리고 믿을 만한 사람에게 말해보자. 말하는 순간, 책임감이 생기고 마음가짐이 달라진다. 혼자만 알고 있는 계획보다, 함께 나누는 약속이 훨씬 오래간다.

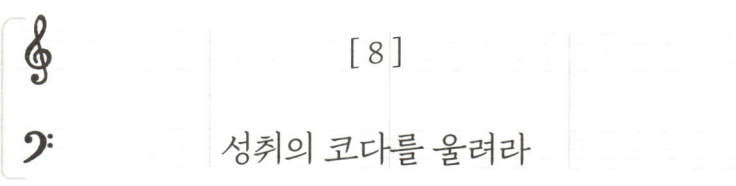

[8]

성취의 코다를 울려라

따르릉. 따르릉…….

몇 번이고 전화 걸었지만, 받지 않았다. 핸드폰이 아닌 일반전화로 했다.

K악기사 대표. 그는 오케스트라 세미나를 열었다. 도 내 음악학원장들이 악기(바이올린, 첼로, 플루트, 클라리넷) 수업을 진행하게 만든 장본인이었다. 오케스트라 세미나를 들은 뒤, 여러 학원에서 수업 목적으로 악기들을 구입했다. 설레는 마음으로 수업을 하던 중 그는 강사료와 악기 대금을 받고 자취를 감춰버렸다. 충격이었다. 오케스트라 관련 모든 관리는 K가 하고 있었다. 한동안 말문이 막혔다. 영문을 몰랐다. 나중에 알고 보니 부도가 나서 자취를 감췄다고 했다. 많은 원장이 당황스러움을 감추지 못했다. 이후 악기 수업은 하지 않았다. 그러다가 다시 해야겠다고 마음먹고 몇 명의 원장들에게 전화했다. 함께 해보지 않겠냐고.

'제주 그랜드 오케스트라 고유번호증' 발급

　코로나19. 전국적으로, 아니 세계가 팬데믹을 겪었다. 빨리 끝날 것 같지 않았다. 마스크를 쓰고 다니는 건 일상이 돼 버렸다. 학교도 문을 닫았고 비대면 수업을 진행했다. 많은 학원이 문을 닫아야 했다. 주변의 반대에도 불구하고, 가까이 지내던 원장과 세무서를 오가면서 오케스트라 고유번호증을 만들었다. 이후 몇 명의 원장들에게 함께 하자고 권유했지만 돌아오는 대답은 부정적인 반응이었다. 결국 제주도 내 4개의 음악학원장이 모여서 창단식을 했다.

　각 500만 원씩, 총 2천만 원을 모았다. 지하 냄새나는 연습실을 겨우 확보했다. 지휘자 강사료와 연습실료 비용을 내야 했다. 그러나 경비는 모자랐다. 회의 끝에 피아노콩쿠르를 열기로 했다. 그 수익금으로 부족한 경비를 채우고, 연습실 대여 비용에도 쓸 생각으로.

　오케스트라를 결성하는 것은 다양한 악기와 단원들의 조화를 이루는 도전이었다. 음악적 표현과 감동을 혼자가 아닌 함께 나누기 위해서였다. 여러 악기와 음악적 색깔을 가진 단원들이 모여 연주함으로써, 개인적으로 표현할 수 없는 깊이 있는 음악을 만들어냈다. 하나의 멜로디를 넘어서, 풍부한 음향은 큰 감동을 주었다. 또한 각자의 역할을 충실히 수행하며 전체적인 조화를 이루었다. 연주자들이 공동의 목표를 향해 나아가는 경험을 함으로써 인격적 성장을 느낄 수 있었다. 그 과정에서 서로 유대감을 형성할 수 있었다.

제1회 창단 연주회. 문예회관에서 진행했다. 관객 수는 100명을 넘지 않는 선에서 마스크를 착용해야 했다. 단원들까지도 공연장에 올라가기 전까지는 마스크를 착용했다. 결성 당시만 해도 코로나가 바로 끝날 거라는 희망을 가지고 시작했다. 예상과 달리 코로나는 꽤 오래 지속됐다. 하지만 현재 어느 오케스트라 단체와도 비교가 되지 않을 만큼 성장했고 전용 연습실도 마련했다. 우여곡절이 많았지만 주변에서 도움을 주는 분들이 큰 힘이 되었다. 단장은 물론 자문 위원들, 그리고 봉사 정신과 음악을 사랑하는 운영진들 덕분에 성장해 왔다.

처음 운영할 때는 성격이 다른 사람들이 모이다 보니 의견 조율이 쉽지 않았다. 연습 시간을 맞추는 것 자체도 큰 고민거리였다. 또, 각자의 스타일과 연주 해석이 달라 협력 과정에서 의견 충돌이 발생하기도 했다. 때로는 해체 위기까지도 갔다. 결국 성장하면서 성장통을 겪는 과정으로 받아들였다. 문제들을 극복하면서 운영진들은 많은 것을 배웠다. 의견 충돌을 해결하기 위해 서로의 관점을 이해하려고 노력했고, 이를 통해 상호 존중과 소통의 중요성을 깨달았다. 연습을 통해 개인의 악기 연습뿐만 아니라 전체의 음악적 조화를 이루기 위해서라면 꾸준한 피드백과 조율이 필요하다는 것을 이해하게 됐다.

운영진들은 악기를 같이 연주하며 서로의 장점을 파악했다. 이를 바탕으로 더 나은 협력 방식을 찾게 되었다. 위기 상황에서도 함께 문제를 해결하며 성장했다.

오케스트라 결성과 공연 준비 과정은 도전이었다. 성공적인 공연이라는 결과로 이어졌다. 2025년, 4월 6일 제5회 정기 연주회를 문예회관에서 성황리에 마쳤다. 연주회 연습을 위해 노력했고, 깊은 만족감을 경험했다. 목표를 향한 여정에서 얻는 보상이었다. 단원들의 노력과 헌신이 성과로 이어지니 기쁨은 배가 되었다. 운영진과 함께 목표를 향해 나아가며 겪었던 어려움과 도전은 모두 의미가 있었다. 학부모들의 박수와 긍정적인 한 마디가 함께 이룬 성과를 확인시켜 주었다. 큰 자부심과 만족감을 가져다줬다.

오케스트라 결성과 공연. 많은 걸 얻었다. 어떻게 목표를 설정하는지, 어떻게 도전에 맞서는지, 어떻게 협력하여 목표를 이루는지를 보여줬다. 성취의 결과는 단순하지 않았다. 성장과 공동의 노력에서 오는 진정한 기쁨 그 자체였다.

2018년 학원 정기 연주회. 그날의 여운은 아직도 마음 깊이 남아있다.

피아노 연주는 물론 컵타, 난타, 우쿨렐레 합주까지 다채로운 무대가 이어졌다. 특히 학원생 전원이 함께한 합주에서는, 혼자 연주할 때는 느낄 수 없었던 깊은 감동과 성취감을 맛보았다. 그 생생한 기억이 오케스트라를 만들어야겠다는 결심으로 이어졌고, 지금의 오케스트라가 탄생할 수 있었던 출발점이 되었다.

🎼 실천 사항

- ☑ **위기에서도 멈추지 않는다**
  예기치 못한 사건은 누구에게나 일어난다. 멈추지 말고 방향을 다시 정하는 것이 중요하다. 실망을 딛고 다시 시작할 용기를 내야 한다.

- ☑ **함께할수록 더 멀리 간다**
  협업은 늘 쉽지 않지만, 그 속에서 진짜 감동이 만들어진다. 서로의 차이를 조율하고, 함께 목표를 향해 나아가는 힘을 믿자.

- ☑ **결과보다 과정을 사랑하자**
  성공은 과정 속에서 자란다. 매번의 연습, 갈등, 해결의 경험이 곧 성취다. 지금 이 순간의 노력이 미래의 울림이 된다.

3장

가능성에 눈 뜨고, 지금 다시 시작하라

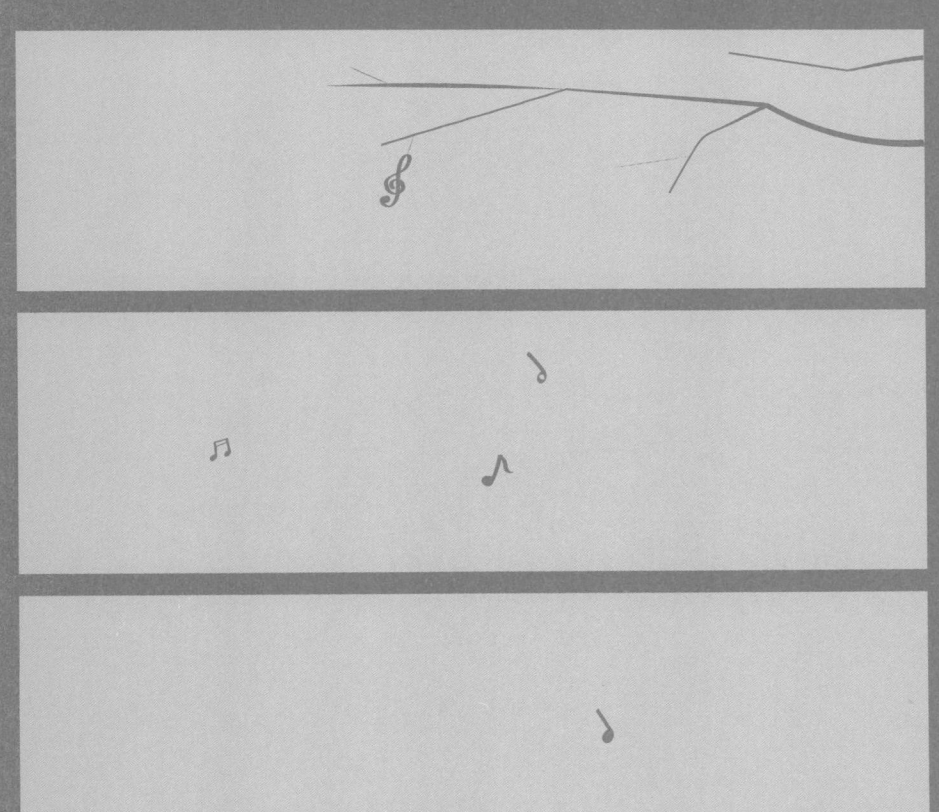

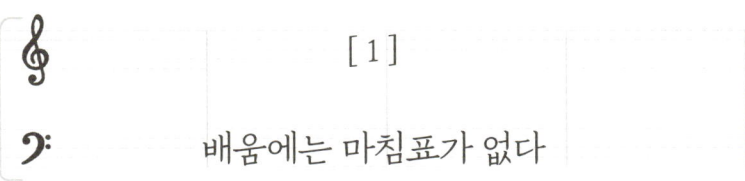

[1]
배움에는 마침표가 없다

"원장님! 영어 공부 같이 해요!"
"하는 게 많아서 포화 상태예요."
"어차피 영어 공부는 필요하니까, 한 번 들어볼까?"

가깝게 지냈던 수학학원 원장이 조심스럽게 말을 했다. 음악학원을 운영하면서 다양한 악기 동아리 활동을 이끌고 있었다. 학생들과 합주 연습하고, 지역 행사에서 공연을 준비하는 일로 하루가 빠듯했다. 새로운 무언가를 시작하기에는 이미 시간이 꽉 차 있었다.

마음 한구석에서는 '그래도 영어를 배워야 하지 않을까?'라는 생각이 떠나지 않았다. 학창 시절에도, 학원 운영하면서도 영어는 늘 해야 한다고 생각했지만, 실행에 옮기지 못했다.

코로나 직전 2월 3일. 마침 그날은 아들의 생일이었다. 대학 방학을 집에서 보내고 다시 육지로 올라가는 날이기도 했다. 공항까지 함께 가서 배웅하려 했지만, 영어 설명회가 마음에 걸렸다.

고민 끝에 아들에게 택시 타고 가라고 하고는 설명회 장소로 향했다. 설명회는 흥미로웠다. 단순한 회화 공부가 아니라, 교과 과정까지 함께 학습하는 프로그램이었다. 설명회를 들으며 '과연 할 수 있을까?' 하는 생각이 들었다. 악기 동아리와 학원 운영이라는 중요한 일이 이미 있었으니까. 하지만, 지금이 아니면 또 몇 년을 미룰지도 모른다는 불편함이 있었다. 결국 결단했다.

'그래, 해보자.'

그렇게 영어 공부가 시작되었다. 그런데 예상치 못한 일이 벌어졌다. 그해 봄, 코로나19가 발생하면서 모든 활동이 멈춰버린 것이다. 학원 운영도 축소되었고, 음악동아리 활동도 중단되었다. 평소 같았으면 바쁜 일정에 밀려 영어 공부를 포기했을지도 모르지만, 오히려 상황이 달랐다.

'이럴 때야말로 집중해서 공부할 기회가 아닐까?'

체계적으로 배우기 위해 '잉글리쉬 무무' 프로그램을 선택했다. 단순한 영어 공부가 아니라, 전 교과 과정을 영어로 학습하는 방식이었다. 새로운 내용을 배우다 보니 흥미가 생겼고, 공부하는 습관도 자연스럽게 자리 잡았다. 쉽지만은 않았다. 새로운 언어를 배우는 과정에서 좌절도 많았다. 하지만 꾸준히 하다 보니 점점 실력이 쌓였고, 3년 뒤에는 플래너 자격증까지 취득할 수 있었다.

처음에 단순히 '해야 하니까' 시작한 공부였다. 하지만 과정 속에서 새로운 나를 발견했다. 배움은 단순히 지식을 쌓는 것이 아니라, 나 자신을 확장하는 과정이라는 걸 깨달았다.

배움에는 마침표가 없다. 비올라와 아코디언을 배우고 있다. 여러 악기에 손을 대며 음악의 세계가 얼마나 넓고 다채로운지를 실감했다. 각각의 악기는 그 자체로 독특한 소리와 연주 기법을 요구했다. 배우는 과정에서 많은 도전과 기쁨을 느꼈다. 물론 기술적인 어려움도 있었다. 다양한 악기를 연주하며 쌓은 경험은 학생들에게 많은 음악적 시각을 제공했다. 각 악기의 특성과 장점을 효과적으로 전달할 수 있게 해주었다. 새로운 악기를 배우는 즐거움과 함께, 각 악기가 가진 독특한 매력을 이해하며 더 풍부한 음악적 이해를 쌓아갔다. 음악 교육의 질이 높아졌다. 학생들에게도 다양한 악기의 세계를 소개하는 데 큰 도움이 됐다.

악기를 배우는 과정은 기술을 익히는 것 이상으로 인내심과 꾸준함이 필요하다. 그리고 자신에 대한 신뢰를 구축하는 과정이기도 하다. 대부분 처음에는 어려움과 좌절감을 겪는다. 그것을 극복하고 조금씩 나아가는 자신을 바라볼 때, 그 모든 노력은 값진 경험이 된다. 새롭게 배우기 시작한 악기에서 나오는 음이 점차 완성도 있는 소리로 변해가는 과정을 지켜보며 자신이 성장하고 있다는 것을 느끼게 된다.

나이와 상관없다. 누구에게나 열려 있다. 평생 배울 수 있는 즐거움을 준다. 하루하루 음을 익히고 한 곡 연주를 끝내는 과정이 쌓이면서 성장하고 있음을 느낄 수 있다. 새로운 것을 배우는 과정에서 얻는 기쁨과 성취감은 삶의 다른 부분에도 긍정적인 변화를 가져온다.

즐거움과 성취감을 직접 경험했다. 악기를 배우며 느낀 도전과 성공의 순간들은 행복한 시간이었다. 당신도 악기를 배워 자신만의 음악적 여정을 시작해보길 바란다. 새로운 악기에 도전하는 것은 단순한 기술 습득을 넘어, 개인적인 성장과 자기 발전의 기회가 된다. 각 악기가 가진 독특한 매력을 이해할 수 있고, 삶에 더 많은 즐거움과 의미가 있다. 자신만의 음악적 세계를 넓혀 평생학습의 즐거움을 만끽하길 바란다.

𝄞 실천 사항

- ☑ **악기를 배우며 얻는 성취감을 체험해 보자**
  악기를 처음 손에 쥐는 순간, 기본적인 음을 내는 것조차도 큰 성취감으로 다가온다.
- ☑ **지금 당장 시작해 보자. 시간이 지나면 더 멀어진다**
  '지금은 안 돼'라는 생각은 계속 다음으로 미루게 한다. 오히려 가장 바쁠 때가 도전할 순간이다. 지금이 아니면 또 몇 년을 미룰지도 모른다는 불편함이 있었다. 결국 결단했다.

☑ **배우는 과정에서 나 자신을 다시 만나보자**

공부는 단지 지식이 아니라 새로운 자아를 발견하는 일이다. 기술과 언어 너머에 내 안의 잠재력이 있다. 배움은 단순히 지식을 쌓는 것이 아니라, 당신을 확장하는 과정이다.

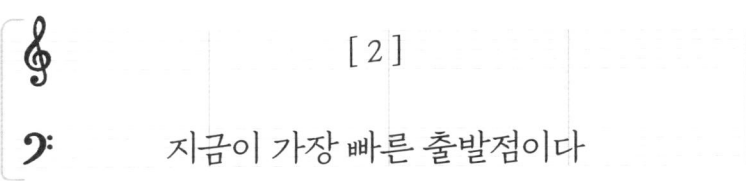

[2]
지금이 가장 빠른 출발점이다

 하루가 바쁘다. 학원 업무가 많다. 매일 정신없이 흘러간다. 그럼에도 불구하고, 최근 새로운 도전을 시작했다. 책 쓰는 일이다. 주변에서는 나이가 많은데 또 새로운 걸 배운다며 놀라거나 의아해하는 시선도 있다. 무엇을 배우든 지금, 시작하기에 좋은 시기라고 확신한다.

 글을 읽고, 쓰기를 반복하면서 자신을 표현하고 새로운 것들을 발견한다. 다양한 글쓰기 경험을 통해 스스로를 더욱 발전시키고 있다. 글쓰기 경험은 인생을 더욱 풍요롭고 의미 있게 만드는 길이다. 늦었다고 생각하는 지금이야말로 새로운 걸 배우고, 자신을 발견할 수 있는 시기가 아닐까.

 중년이 지나면 인생의 안정기에 접어들었다고 생각할 수 있는 나이다. 일상적인 업무가 많다. 새로운 도전을 시작하는 것! 조금은 무리일 수 있다. 주위의 걱정과 의구심 속에서도 글쓰기 공부를 시작한 이유는 호기심에서 비롯된 것이 아니다. 도전을 통해 스스로를 더욱 풍부하게 만들고자 하는 간절함이다. 악기를 배우고 학원 업무에 몰두하는 바쁜 일상이지만 나만의 표현 방식이며 무심히 지나칠 수 있는 일상을 관찰할 수 있게 만든다.

　새로운 기술이나 학문을 배우는 것이 결코 늦지 않았다는 것을 스스로 증명하고 싶었다. 새로운 도전을 하는 것은 더욱 가치가 크다고 생각한다. 삶에 대한 관점을 확장하고, 자아 발견의 기회를 선물한다. 지금이야말로 새로운 도전을 시작하기에 가장 적절한 시기다. 나이와 상관없이 학습과 성장을 멈추지 않았다. 글쓰기로 인해 당신만의 새로운 장을 열어보길 바란다.

　책을 읽는 것은 시간 낭비라고 생각하면서 살았다. 그러다가 코로나19, '독서 심리'를 접했고, 온라인 심화과정 1년 과정을 마쳤다. 그 후 교수의 연결로 같이 공부했던 학습자들끼리 독서 모임을 했다. 독서 모임은 2년 넘게 진행 중이다. 그러면서 글쓰기에 관심을 가지게 되었다. 우연히 글쓰기/책쓰기 무료 강의를 들을 기회를 얻었다. 강의를 들으면서 '나도 할 수 있겠다.'라는 자신감이 생겼다. 그동안 미뤄왔던 꿈을 실현해보고 싶다는 강한 열망이 생겼다. 책쓰기 정규과정에 등록했다. 강의를 통해 다양한 글쓰기 기법과 새로운 접근 방식을 배웠다. 생각과 경험을 글로 표현하는 방법을 조금씩 알아갔다. 강의는 많은 영감을 주었고, 이룰 수 있는 목표들이라는 확신이 생겼다.

글쓰기 작업을 지속적으로 진행하고 있다. 일과 취미, 그리고 글쓰기를 조화롭게 관리하기 위해 하루 일정을 재정비했다. 짧은 시간이라도 매일 글 쓰는 습관을 들였다. 처음에는 글쓰기의 흐름이 어색했다. 어려웠지만 포기하지 않았다. 점차 그 과정이 즐겁다. 나 자신을 표현하는 또 다른 방법이 되었다.

책 한 권을 읽는 것부터 시작했다. 여전히 지속되고 있는 독서 모임, 매주 듣는 책쓰기 강의, 그리고 현재의 글쓰기 작업에 이르기까지. 인생의 새로운 장을 열어가는 과정은 흥미롭고 보람이 있다. 글쓰기를 실천하면서 새로운 목표를 향해 나아가는 것이 얼마나 중요한지 깨닫는다. 이제는 글을 쓰는 일이 단순한 취미를 넘어 삶의 중요한 부분이 되었다. 앞으로도 계속해서 이어가고자 한다.

나이는 새로운 도전의 걸림돌이 아니다. 오히려 성장의 기회가 된다. 자신의 관심사와 열정을 따라 새로운 길을 탐색해 보자. 언제든지 시작할 수 있다는 믿음을 가지고 도전해 보길 바란다.

인생 스토리가 많다. 책 10권 정도는 거뜬히 쓸 수 있겠다고 늘 입버릇처럼 해왔다. 그래서일까. 내 이름으로 된 책을 써봐야겠다는 마음으로 도전하고 있다. 하루하루 다람쥐 쳇바퀴처럼 지나간다. 글쓰기 편리한 환경도 만들었다. 전용 노트북과 외장하드, 인쇄기까지 구입했다. 노트북을 꺼내 글을 쓰는 시간만큼은 행복하고 감사하다. 시간을 내기가 쉽지 않은 날도 있다. 그럼에도 불구하고 시간을 쪼개어 글을 쓰는 재미가 쏠쏠하다. 내 생애 첫 종이책, 개인 저서를 출간한 뒤 출판기념 '작은 음악회'를 열 생각을 하면 가슴이 떨린다.

인생의 어느 시점이든 새로운 도전이 필요하다. 일상에서 자기 계발을 위한 시간을 만드는 것이 중요하다. 새로운 목표를 설정하고 성취하는 데 도움이 될 만한 방법을 소개하자면 먼저, 작은 목표부터 시작하자. 큰 목표를 세우는 것도 좋지만, 이를 달성하기 위해서는 작은 목표부터 설정하고 단계적으로 나아가는 것이 효과적이다. 예를 들어, 한 달에 한 권의 책을 읽는 것부터 시작해 보길 권한다. 둘째, 일정에 맞게 계획하자. 새로운 활동을 하려면 시간을 확보하는 것이 중요하다. 일정을 조정하여 매일 짧은 시간이라도 꾸준히 투자하는 습관을 길러보길 바란다. 셋째, 자신감을 가지고 도전하자. 새로운 분야에 도전할 때 두려움을 느낄 수 있다. 관련 강의를 듣거나 독서 모임에 참여해보자. 관련된 활동에 참여하여 사람들과 소통하는 것도 자신감을 키우는 데 도움이 될 것이다.

'나이가 들었다.', '시간이 없다.' 그렇게 생각한다면 핑계이자 변명이다. 용기를 내어 하고 싶었던 일을 시작하자.

🎼 **실천 사항**

- ☑ **'지금'을 가장 좋은 시작점으로 삼자**

    나이는 핑계가 아니다. 시간이 부족해도, 지금 이 순간이 가장 빠른 출발점이다. 더 늦기 전에 오늘 작은 한 걸음을 내디뎌보자.

- ☑ **글쓰기로 내 안의 소리를 꺼내 보자**

    거창할 필요 없다. 짧게라도 매일 쓰면 삶의 결이 보이고, 생각이 정리된다. 처음엔 어색하지만, 글쓰기를 통해 자신을 표현하고 삶을 되돌아보게 된다.

- ☑ **작고 느리더라도 꾸준히 실천하자**

    하루 10분이라도 좋다. 작은 목표를 세우고 반복해 보자. 그 꾸준함이 결국 삶의 방향이 된다.

    작고 느린 실천이 결국 인생 '책 한 권'이 된다.

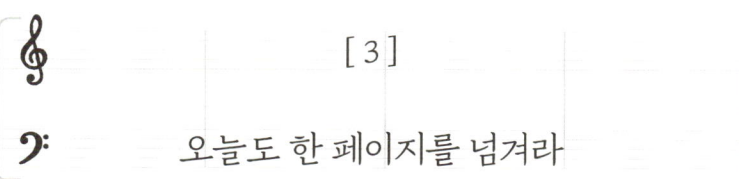

[3] 오늘도 한 페이지를 넘겨라

"지적 성장은 탄생과 함께 시작되어 죽을 때까지 멈추지 않아야 한다."
– 알베르트 아인슈타인

항상 부족하다는 생각에 사로잡혀 있었다. 종종 나를 불안하게 만들었다. 동시에 발전을 위한 원동력으로 작용했다. 부족하다는 자각은 강한 동기가 되었다. 지금보다 조금 나은 내가 되기 위해 무엇인가를 계속해서 배웠다. 그 결과 학원 운영에 도움이 되었고 삶에 큰 변화를 가져왔다. 일과 마치고 난 후, 집에 돌아오면 우선 나만의 학습 시간을 가졌다. 처음에는 짧은 시간 동안 책을 읽었다. 시간이 지남에 따라 공부의 범위와 깊이를 확장하게 되었다. 매일 일정 시간을 정해놓고 학습하면서 부족함을 채워 나갔다.

"또 1등이시네요, 선생님!"

악기사 사장이 붙여준 별명이다.

세미나가 열리는 날 아침이면 늘 첫 번째로 도착했다. 아직 문이 열리지 않은 강의실 앞, 새벽 공기를 가르며 나란히 서 있는 줄이 생기기도 전에. 이미 자리를 지키고 있었다. 음악 관련 세미나라면 지역을 가리지 않고 찾아다녔다. 먼 거리도, 마다하지 않았다. 비 오는 날엔 우산 끝에서 뚝뚝 떨어지는 물방울 소리도 즐거운 배경음이 되었고, 한겨울에는 손에 쥔 커피의 온기를 느끼며 강의실 문이 열리길 기다렸다. 그렇게 '1등 선생님'이라는 별명을 얻었다. 부족하다는 생각에 배움을 갈망했다.

악보만이 아니라, '마음'을 가르치고 싶었다. 아이들의 눈빛이 빛나게 만드는 수업. 음악이 그저 과목이 아니라 삶이 되게 하는 수업 말이다. 그 열쇠를 찾기 위해 매번 공책 한 권을 가득 채웠다. 어떤 날은 강의 후 쏟아지는 영감에 카페에 앉아 밤늦도록 아이디어를 정리했다. 가르친다는 건 배우는 일이라는 걸 알았다. 아이들의 마음에 음악이 흘러 들어갈 때마다 깨닫곤 했다. 작은 습관 하나. '오늘도 한 페이지를 넘기자.'

여전히 어제의 방법에 머무르고 있는 건 아닐까! 악보를 넘기며 아이들에게 음악을 가르치면서도, 어느 순간 문득 드는 허전함은 불안하게 만들었다. 이대로 괜찮은 걸까? 세상은 너무 빨리 바뀌고 있는데.

부족함을 두려워하지 않을 때, 성장은 시작된다. 배움은 단지 지식을 쌓는 일이 아니다. 자기 자신을 신뢰하는 과정이며, 변화에 적응하는 근육을 단련하는 훈련이다. 배움을 미루지 않는다. 오히려 그 시간이 기다려진다. 악기 소리로 가득 찼던 하루의 끝, 조용히 책장을 넘기는 그 순간. 그 시간이 살아 있다는 증거이며, 더 나은 교사로 나아가기 위한 준비다. 배움을 멈추지 않는다. 부족함은 끝이 아니라 시작이다. 오늘도 한 페이지를 넘겨라. 당신을 발전시킬 것이다. 그 과정에서 변화를 수용하는 방법을 배운다. 부족함을 느끼고 도전하는 것! 더 나은 방향으로 이끌어 주는 동력이 될 수 있음을 경험했다. 앞으로도 이 습관을 지속적으로 이어 나가고자 한다.

매일의 작은 노력과 꾸준한 학습이 큰 변화를 만들어낸다. 꾸준히 공부하기 위해서는 몇 가지 습관이 필요하다.

첫째, 매일매일 공부하는 습관을 갖는다. 초기에는 미미하게 느껴진다. 시간이 지남에 따라 큰 변화를 만들어낸다. 하루 30분씩 새로운 기술을 배우는 것이 처음에는 작고 사소해 보인다. 꾸준히 실천하면 몇 달 후에는 상당한 지식과 경험을 쌓는다. 작은 노력을 지속적으로 쌓아가는 것이 장기적인 성장을 이루는 데 핵심적인 역할을 한다.

둘째, 일관성이 중요하다. 학습에 있어 가장 중요한 것은 어떤 일을 하든 처음부터 끝까지 변함없이 하는 것이다. 일정한 시간을 정해놓고 매일 공부하는 습관이 중요하다. 집중력과 자기관리 능력을 향상시키는 데 도움이 된다. 일관된 학습 습관을 통해 점진적으로 지식을 쌓아가면 복잡한 문제를 해결하는 능력이 생긴다. 즉, 매일의 작은 노력이 쌓여 큰 성과를 이루는 것임을 기억해야 한다.

셋째, 온라인 학습을 활용할 수 있다. 온라인 학습 플랫폼을 활용하면 시간과 장소에 구애받지 않고 학습할 수 있다. 즉, 유연성이 주어진다. 자투리 시간을 활용하여 필요한 정보를 얻거나 새로운 기술을 습득할 수 있다. 다양한 강의를 듣거나 관련 서적을 읽어 자신에게 맞는 학습 방식을 찾는다. 부족한 부분을 보충하는 것도 중요하다. 온라인 학습은 특히 바쁜 사람들에게 성장과 발전에 도움이 되는 유용한 도구가 된다.

🎼 실천 사항

☑ **하루 30분, 당신을 위한 배움의 시간을 확보하자**
지금 30분이 미래를 바꾼다. 스마트폰을 내려놓고 짧은 시간이라도 배움에 투자해 보자. 작고 단순한 반복이 결국 큰 변화를 이끈다. 하루 30분, 작은 배움이 인생을 바꾼다.

☑ **부족함을 인정하고, 성장을 위한 습관을 들이자**
완벽할 필요는 없다. 모자람을 있는 그대로 인정하고, 조금씩 채워가는 마음이 중요하다. 중요한 건 잘하려는 마음보다 계속하려는 자세다. 부족함을 인정하고 꾸준히 공부하는 습관은 당신을 더 나은 사람으로 성장시킨다.

☑ **오늘도 한 페이지를 넘겨라**
책을 눈에 잘 띄는 곳에 두거나 알람을 설정해 습관을 유도해 보자. 일부러 시간을 내기보다, 생활 속에 책을 비치해두거나 알람을 맞춰두는 것도 또 하나의 방법이다.

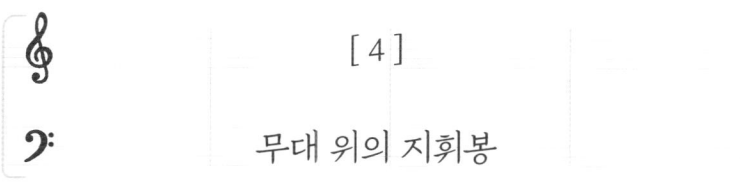

[4]
무대 위의 지휘봉

악기를 가르친다는 건 뭘까. 누군가의 인생에 음악이라는 '마법'을 심어 주는 일이다. 연주만큼이나 의미 있다. 매일같이 악기를 다루고 연주한다. 특히 아이들에게 가르치고 함께 연주하면서 기쁨과 보람을 느낀다. 처음 피아노를 접하는 아이들은 '과연 할 수 있을까?'라며 걱정한다. 시간이 지나면서 처음에 어려워하던 곡을 자신감 있게 연주한다. 어려운 악보를 익혀가며 연주하는 아이들도 있다. 그 순간들은 언제나 감동적이다. 음악 교육자로서의 진정한 가치를 느낀다. 아이들 또한 음악으로 자신을 표현하고 성장해간다.

가르치는 것은 단순한 직업이 아니다. 음악이라는 공통의 언어를 통해 아이들과 함께 소통한다. 그들의 성장을 직접 지켜보는 건 특별한 경험이다. 처음 학원에 오는 그들은 종종 긴장하거나 자신감이 부족한 경우가 많다. 음악을 통해 서서히 자신을 표현하며, 점점 자신감을 갖는다.

한 학생이 간단한 음계를 연주하는 데 처음에는 어려워했다. 옆에서 지속적으로 격려해 주었다. 시간이 지나 복잡한 곡을 완벽하게 연주할 수 있을 만큼 실력이 향상됐고 그 감동은 말로 표현하기 어려울 정도였다. 학생의 눈빛에서 자부심과 성취감이 느껴졌다.

그들은 때로 음악을 통해 자신이 겪고 있는 감정을 털어놓기도 한다. 삶에서 일어나는 작은 변화들을 감지한다. 음악으로 표현되기 때문이다. 결국 음악을 통해 스스로를 이해하고 치유된다.

초등학교 3학년 남자아이. 엄마 손을 잡고 학원에 왔다. 한 부모 가정에서 자란 학생이다. 그는 상담하는 내내 시선을 한곳에 고정하지 않고 눈을 계속해서 깜박거렸다. 누가 봐도 '틱장애'가 분명했다. 그렇다고 말은 하지 않았다. 엄마가 조심스럽게 아이의 상황을 이야기했다. '틱' 장애가 있어도 피아노를 배울 수 있냐고. 가만히 듣고 있었다. 병원에서 치료가 되지 않아 지푸라기라도 잡는 심정으로 음악학원을 찾았다고 솔직하게 말을 했다. 그 학생은 원장인 내가 맡기로 했다. 피아노를 집중적으로 가르치지는 않았다. 우선 정서적인 안정이 중요하기 때문이었다. 학생이 불안하지 않게 최대한 편안한 분위기를 제공했다. 피아노는 조금만 시켰다. 장애에 대해서는 어떤 언급도 하지 않았다.

엄마한테 기다려달라고 요청했다. 1년이 지나고 2년이 지났지만 아이는 달라지지 않았다. 엄마도 그냥 지켜봐주기로 했다. 3년쯤 지났을 때, 아이는 피아노를 사랑하게 됐다. 아침에 일어나면 피아노에 빠진다고 했다. 연주에 집중하는 시간도 많아졌다고. 아이의 증상도 점점 반응을 보였다. '틱' 증상이 점차 완화되었다. 놀라운 변화였다.

음악과는 다소 거리가 멀었다. 기본적인 음계 연습조차 어려워했다. 3년간의 피아노 수업을 통해 그의 삶은 눈에 띄는 변화가 일어나기 시작됐다. 꾸준한 연습과 따뜻한 격려를 통해 조금씩 자신감을 얻은 것이다. 그의 변화는 단지 증상완화에 그치지 않았다. 피아노를 연주하면서 집중력을 기르고, 음악의 흐름 속에서 감정을 표현하는 방법을 배우기 시작했다. 악보를 읽고 음을 맞추는 것, 그 이상의 무언가를 깨달은 듯했다. 그의 몸과 마음을 조화롭게 다루는 훈련 과정은 음악이 가진 치유의 힘을 직접 확인할 수 있었던 순간이었다. 사회적 상호작용에서도 이전보다 적극적이고 안정적인 모습을 보였다.

변화하는 모습을 보면서, 음악 교육의 진정한 가치를 다시 한번 확인할 수 있었다. 음악이 주는 기적같은 변화였다. 필자에게도 감동과 보람을 선물했다.

또 다른 초등학교 1학년 아이가 엄마 손을 꼭 잡고 학원에 들어왔다. 아이는 조용했다. 눈이 마주치는 걸 어색해했다. 눈동자가 흔들리고 있었다. 상담을 진행하며 아이를 관찰했다. 현재 발달 상태와

의사소통 능력을 눈여겨봤다. 또래에 비해 언어 표현과 이해 능력이 부족했다. 자신의 의사를 정확히 전달하지 못해 자주 답답해하는 모습도 보였다. 엄마는 단지 발달이 늦을 뿐 장애가 있는 건 아니라고 했다.

며칠 뒤, 피아노 연습 중 아이의 안색이 점점 창백해지더니 갑자기 일어났다. 조용히 구석으로 갔다. 옆으로 다가가 상황을 살폈다. 바지에 실수를 했다. 순간 아이의 눈에서 눈물이 쏟아졌다. 몸은 얼어 있었다. 아이를 안심시키며 "괜찮아, 그럴 수도 있어."라고 다정하게 말했다. 사실을 부모에게 알렸다. 부모는 걱정이 많아졌다. 뒤늦게 아이의 문제를 조금씩 받아들이기 시작했다. 아이의 실수는 그저 일시적인 해프닝이 아니었다. 지속적인 의사소통 문제와 정서적 어려움의 신호였다. 그 후로 부모는 전문가 상담을 받았다. 아이의 언어장애 극복을 위한 체계적인 지원을 함께 고민했다. 물론 피아노도 꾸준하게 가르쳤다. 아이의 문제를 부정했던 부모는 서서히 인정하고 극복할 방법을 찾아갔다. 그 후 6여 년이 지났다. 지금은 많이 좋아졌다. 정상적으로 또래 아이들과 소통한다.

우리가 마주하는 삶의 어려움과 도전들은 쉽게 극복할 수 없는 순간들이다. 그 속에서 우리는 중요한 교훈을 얻고 성장한다. 음악은 단순히 소리를 만드는 것 뿐 아니라, 삶을 변화시키는 강력한 도구로 작용한다. 이 과정 속에서 우리가 지녀야 할 태도에 대해 말해보자면, 먼저, 어려움 속에서도 희망을 잃지 말아야 한다. 특히, 음악은 우리가 상상하지 못한 방식으로 문제를 해결할 수 있도록 지지해주며 삶에 긍정적인 변화를 주는 역할을 한다. 둘째, 작은 노력도 큰 변화를 만들어낼 수 있다는 사실을 받아들이자. 한 발짝 한 발짝 나아가는 꾸준한 연습이 결국 큰 성취로 이어질 수 있다. 셋째, 자신을 믿어야 한다. 자신감과 긍정적인 마음가짐이 당신의 잠재력을 실현하는 데 큰 도움이 된다.

🎼 실천 사항

☑ **결과보다 과정을 믿고, 기다리는 연습을 하자**
누군가를 가르치거나 도울 때, 조급함보다 기다림이 먼저다. 가르친다는 것은 기다려주는 일이고, 믿어 주는 일이다.

☑ **음악처럼, 삶에도 반복과 집중의 힘을 믿자**
매일의 반복이 아이의 집중력을 키우듯, 어른의 삶도 꾸준한 실천으로 변화할 수 있다. 연습을 반복하며 집중력을 기르고, 감정을 표현하는 법을 배운다.

☑ **마음을 다해 믿어 주면, 변화는 시작된다**
불안해하던 아이도, 말이 느리던 아이도 믿음을 받으면 달라진다. 마음 깊은 곳에 닿는 믿음은 말보다 강하다.

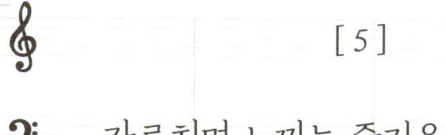

[5]

가르치며 느끼는 즐거움을 껴안아라

"원장님은 언제 가장 보람을 느끼세요?"
"성인 학습자들을 가르칠 때요."
 현재 오카리나를 배우는 성인반이 있다. 그들은 대부분 직장을 다니고 있다. 같은 종교를 가졌으며 음악에 대한 순수한 열정이 공통점이다.
 처음엔 악보도 낯설고, 음정은 흔들리고, 리듬은 자꾸 엇나갔다. 하지만 매주, 숨 고르듯 모여 앉아 불어내는 오카리나의 맑은 소리는 점점 그녀들만의 색을 입기 시작했다. "도,레,미,파,솔…." 아직은 느리지만, 음표 하나하나에 감정이 담기고, 소리는 곧 마음이 된다. 가장 인상 깊은 순간은, 음악을 통해 조금씩 달라지는 것을 목격할 때다. 한 학습자는 말했다. "연습하다 보면 하루 동안의 스트레스가 다 풀려요." 또 다른 이는 "내가 이렇게 몰입할 수 있는 게 있다는 게 감사해요."라고 했다. 음악을 가르치는 일이 단순한 기술 전달을 넘어, 삶의 무게를 덜고 내면을 마주하는 시간으로 확장되는 걸 느

3장 가능성에 눈 뜨고, 지금 다시 시작하라

낀다. 함께 웃고, 함께 음을 확인하며, 그러면서도 함께 성장하고 있다. 그 과정 자체가 무엇과도 바꿀 수 없는 즐거움이다.

"나이가 들어도 플루트 배울 수 있나요?"
"배우고 싶은 이유가 있나요?"
"존경하는 선생님께 들려주고 싶어요."

2년 전 플루트를 배우겠다며 성인 여자가 학원에 찾아왔다. 알고 보니 초등학교 선생이다. 열정이 넘친다. 열심히 배우고 연습도 꾸준히 한다. 그녀는 불교 불자다. 불자들과 악기 하나를 같이 배우고 싶다고 했다. 절에서 모임을 하는데 나온 의견이었다. 고민 끝에 흔쾌히 승낙하고, 2024년 2월부터 배우기 시작했다. 한 달이면 3회, 매주 수요일마다 수업한다. 짧은 시간이지만 열정이 대단하다. 오카리나를 배우기 시작한 지 1년이 넘었다.

공연할 기회가 생겼다. 이은정 교수가 '북토크' 진행한다며 식전 행사로 악기 공연을 해달라는 부탁을 했다. 망설였다. 무대 경험들이 없었다. 적극적으로 참여하겠다는 선생의 의견을 모아 공연하는 걸로 결정했다. 일주일 내내 늦게까지 연습했다. 무엇보다 무대 경험은 중요하니까. 드디어 그날이다. 공연이 시작되자 노련한 연주자들 같았다. 처음인데도 성공적이었다. 실력을 한층 높여주었다. 공연이 끝난 후, 첫 수업시간 때 봤던 자신감에 찬 눈빛들을 잊을 수 없다. 다시 또 무대에 서고 싶다고 했다.

성인들은 능동적으로 배우고 싶어서 왔기에 더욱 열정적으로 배운다. 수요일에는 몸이 더 피곤하다. 학생들에게 악기 수업은 물론, 간식을 챙겨주다 보면 파김치가 되기 때문이다. 그렇지만 성인들이 배우려고 하는 그 자세를 보면서 나 또한 그들에게서 배운다. 즉, 가르친다는 건 일방적으로 주는 교육이 아니라 서로 배우는 것이라고 생각한다. 늘 학습자의 자세로 임하고 있다. 특히 요즘은 1인 1악기 시대라고 할 만큼 사람들이 악기에 관심을 갖는다. 예전과는 달리 악기를 배우는 사람들이 많아졌다. 악기를 배우려는 이유는 취미를 넘어 필요와 열망에서 비롯된다. 일상에서의 스트레스와 압박을 잊고, 악기를 통해 자신의 내면을 표현하고자 한다. 그들의 진심 어린 노력과 열정은 그 자체로 감동적이다.

처음에는 누구나 다 서툴다. 음표와 리듬 보는 것도 어려워한다. 반복적인 연습과 인내로 인해 점차 안정감 있는 선율로 변해간다. 자신의 음악적 능력을 발전시키며 스스로에 대한 신뢰를 얻는다. 또한, 성인 학습자들은 악기를 연주하며 스트레스를 해소하기도 한다. 모임 사람들과 소통을 즐기는 모습도 보인다. 성과를 넘어 인간적인 연결과 정서적 치유를 경험하는 과정이기도 하다. 경험을 함께 나누며 그들이 변화하고 성장하는 모습을 보면 즐겁다. 짜릿한 성취감을 느낀다.

결국, 악기를 가르치는 것을 넘어서, 음악을 통해 자신을 이해하고 삶의 다양한 면에서 긍정적인 변화를 이끌어 내는 여정을 함께하는 것이다. 공감과 보람은 삶을 더욱 풍요롭고 의미 있게 만들어 준다.

 특히 성인들이 새로운 취미로 악기를 배우거나 도전할 때, 그 경험은 삶의 질에 영향을 미친다. 악기를 통해 음악을 배우며 기술을 익힌다. 나아가 자신을 새롭게 발견하고, 감정을 표현하는 방법을 알아가는 기회가 된다.

 먼저, 꾸준한 노력과 인내로 악기를 배워본다. 다양한 측면에서 성장한다. 처음에는 서툴고 힘들게 느껴진다. 점차 시간이 지나면서 자신감이 생기고 작은 성공들이 모여 큰 성취감을 만들어낸다. 삶의 다른 분야에서도 긍정적인 변화를 가져올 수 있는 원동력이 된다. 어려운 상황에서도 꾸준히 노력하는 자세를 갖게 되는 것이다. 또한, 음악은 사람들 간의 유대감을 강화하고 사회적 연결을 더욱 깊게 만들어 준다. 오카리나와 같은 악기를 배우며 함께 연주하는 기회를 만들어 본다. 음악적 경험을 공유하는 과정에서 새로운 친구를 만나고, 소중한 인간관계를 형성할 수 있다. 결국 사람들 간의 소통을 원활하게 하고, 정서적인 지지와 이해를 공유할 수 있다.

 마지막으로, 음악을 통해 자기 자신을 표현하고 감정을 치유하는 시간을 갖는다. 그러면 행복이 따라온다. 자신의 속마음을 음악으로 표현하면 감동과 성취감을 맛볼 수 있다. 삶의 의미를 이해하고, 매일의 작은 행복을 찾는 데 큰 도움이 된다. 음악을 배우는 여정에서 얻는 이 모든 경험은 긍정적인 변화와 성장을 가능하게 하며, 삶을 더 풍요롭고 의미 있게 만들어 준다. 결론적으로 누구나 음악을 통해 새로운 가능성과 기회를 발견할 수 있다. 음악은 우리에게 끊임없는 도전과 성장, 그리고 진정한 행복을 선사하는 소중한 여정이 된다. 노력과 열정이 모여 삶을 더 밝고 풍요롭게 만든다.

🎵 실천 사항

☑ **지식을 넘어서, 마음을 나누는 가르침을 실천하자**
단순히 아는 것을 전달하는 데 그치지 않고, 삶의 경험과 감정을 함께 나눌 때 진짜 배움이 된다. 가르침은 단순히 지식과 기술을 전달하는 것을 넘어, 함께 성장하고 마음을 나누는 과정이다.

☑ **배움의 순간을 삶의 전환점으로 여겨보자**
그저 기술을 익히는 시간이 아니라, 인생을 다시 바라보게 되는 여정이 된다.
배운다는 것, 단순한 배움을 넘어 삶을 변화시키는 여정이다.

☑ **음악을 통해 소통하고, 관계를 풍요롭게 가꾸자**
서툰 음도 서로 어울리면 멜로디가 된다. 음악을 매개로 관계가 열리고, 마음이 연결되면 더 깊은 이해와 성장이 따라온다. 음악을 통해 서로 마음을 나누고 함께 배우는 기회를 갖는다.

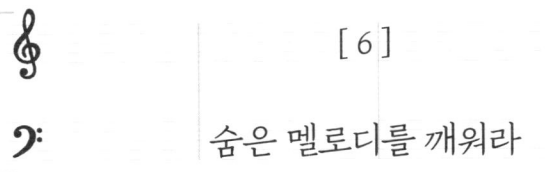

[6]

숨은 멜로디를 깨워라

"인간의 가장 깊은 본성은 인정받고 싶어 하는 욕망이다."
- 윌리엄 제임스(심리학자, 철학자)

현관 문이 조용히 열렸다. 낮은 구두 소리와 함께 낯선 얼굴 하나가 들어섰다. 오십 대 후반쯤 되어 보이는 여성, 어깨를 살짝 움츠린 채 주위를 둘러보는 눈빛엔 낯섦과 조심스러움, 그리고 그 이면에 단단한 결심이 동시에 담겨 있었다. 입을 열기 전까지 짧은 정적이 흘렀고, 이내 그녀는 조용하지만 분명한 목소리로 말했다.

"첼로를 배우고 싶어서요."

지금도 생생히 기억나는 7년 전의 일이다. 당시 학원에서는 피아노와 통기타 수업만 운영하고 있었고, 첼로는 향후 개설 예정이긴 했지만 아직 준비가 되어 있지 않았다. 첼로는 직접 다뤄본 적 없는 악기였다. 쉽게 대답할 수 없었지만, 고민 끝에 솔직하게 말했다.

"아직 첼로 수업은 개설되지 않았지만, 피아노부터 배워보시는 건 어떠세요?"

원장으로서 할 수 있는 최선의 제안이었다. 의외로 그녀는 한 치의 망설임 없이 "좋아요."라고 대답했다. 그리고 그날 바로 등록까지 마쳤다. 나중에 들은 이야기지만, 그날 학원에 오기까지 수많은 고민과 망설임이 있었다고 했다. 여러 학원을 찾아다니며 문의했더니 첼로 수업하는 곳은 없었다고. 간절한 마음으로 마지막 희망을 걸고 우리 학원을 찾았던 것이다.

그렇게 그녀와의 인연이 시작되었다. 매주 빠짐없이 찾아와 수업에 성실히 참여했고, 집에서도 연습을 게을리하지 않았다. 어떤 날은 두세 번씩 같은 곡을 반복하며 손끝에 감각을 익히려 애쓰는 모습에 나 또한 자극을 받았다. 그녀는 단순히 음악을 배우러 온 게 아니었다. 그 속에서 자기 삶의 다음 장을 열기 위한 '도전'을 하고 있었던 것이다. 시간이 지나며 그녀는 음악을 통해 자신의 새로운 가능성을 발견해 나가기 시작했다. 그리고 그 여정은 지금도 계속되고 있다.

필자는 오케스트라에 관심이 많았다. 집 근처에서 운영되는 '윈드 오케스트라' 오디션에 합격해서 단원이 됐다. 타악기를 맡고 있었다. 우연한 기회에 악기점에서 주최하는 오케스트라 창단세미나에 참석했다. 이후, 학원에서 오케스트라를 직접 결성해서 운영하고자 마음먹었다. 아이들은 물론 성인들까지 모집했다. 첼로를 배우러 왔다가 피아노를 배우고 있는 성인은 당연히 오케이. 악기반을 별도로 구성하여 1년쯤 연습했다. 오케스트라 창단 연주회를 성황리에 마쳤다. 창단 연주회 이후에 성인과 학생들을 분리하여 운영하자는 의견이 있었다. 쉽지 않았다. 현재 현악 4중주를 결성해서 금요일마다 연습한다. 첼로를 배우고 싶다고 학원을 찾아왔던 그녀는 뒤늦게 악기에 재능이 있다는 사실을 발견하고 즐기고 있는 걸 보았다. '멋진 인생을 살고 있구나!', '롤모델이 따로 없겠다.'라는 생각마저 들었다. 그녀는 첼로를 배운 지 7년이 지났다. 매주 열심히 한 덕에 지금은 스즈키 첼로 5권을 지나 6권을 배우고 있다. 관악기에도 관심이 많아 플루트도 함께 배우고 있다. 열정에 귀감이 되었다.

    나이에 구애받지 않고 새로운 도전을 계속하는 것. 그녀의 용기와 열정은 함께하는 주변 사람들에게도 긍정적인 영향을 미친다. 음악을 통해 자신의 삶을 소중히 대한다. 늦은 나이에 새로운 꿈을 꾸고 도전하면서 용기와 희망을 전한다. 누구나 그녀처럼 할 수 있다. 굳이 악기가 아니어도 상관없다. 운동이나 영어 공부도 괜찮다.

    취미로 새로운 재능을 발견한다. 누구나 가능하다. 나이가 들어 새로운 재능을 발견하고 발전시키는 과정은 어렵다. 하지만, 그것을 즐길 수 있어야 한다. 즐기면서 발전한다면 더 큰 성취감과 만족감을 느낀다. 인생은 계속해서 변화하고 성장하는 과정이다. 삶을 풍요롭게 만들기 위해 항상 새로운 경험과 재능을 발견하려고 노력한다. 때로는 예상하지 못한 분야에서 잠재력을 발견할 수도 있다. 취미생활은 일상에서 벗어나 즐길 수 있는 소중한 시간이다. 이 즐거움을 통해 자신의 재능을 발견하고 발전시킬 수 있다. 취미를 시작하면서 능력을 향상시키고, 새로운 도전에 대한 열정과 흥미를 불러일으킬 수 있다. 새로운 취미를 시작하고 잠재력을 발견하면, 놀라울 정도로 능력 있는 사람이 된다.

그렇다면, 재능을 발견하고 발전시키는 방법에 대해 알고 있는가. 이에 대해 설명하고자 한다.

첫째, 음악, 운동, 요리, 글쓰기 등 어떤 분야든지 가능하다. 흥미를 유발하는 것을 선택하면 된다.

둘째, 시작이 중요하다. 많은 사람이 새로운 재능을 발견하고 싶어 한다. 문제는 시작하지 않는 사람들이 많다는 사실이다. 어렵고 불안할 수 있지만, 자신을 믿고 첫걸음을 내디뎌야 한다. 시작하면서 잠재력을 발견하고, 발전시킬 수 있다. 셋째, 꾸준한 노력과 열정을 가져야 한다. 새로운 재능을 발전시키기 위해서는 일정한 시간과 노력을 투자해야 한다. 열정을 가지고 자신에게 도전한다. 그러다 보면 놀라운 결과를 얻을 수 있다. 넷째, 새로운 재능을 발견했다면 시도하자. 실패와 어려움을 경험할 수 있다. 하지만 그것들은 성장하고 발전하는 데에 도움을 줄 수 있는 소중한 경험이다. 마지막으로, 새로운 재능을 발견하고 발전시키는 과정을 즐길 수 있어야 한다.

즐기면서 발전한다면 더 큰 성취감과 만족감을 느낄 수 있다.

🎼 실천 사항

- ☑ **나이를 이유로 미루지 말고, 지금 한 발 내디뎌보자**
  도전은 지금 이 순간부터 가능하다. 나이와 관계없이 시작하는 용기가 삶의 방향을 바꾼다.
  나이와 상관없이 시작할 수 있고, 시작하는 순간부터 변화는 시작된다.
- ☑ **취미를 통해 당신 안의 잠든 재능을 깨워보자**
  작은 흥미가 큰 가능성을 만든다. 취미는 단순한 여가를 넘어 자신감을 심어주고, 당신 삶에 활기를 더해주는 선물이 된다. 또한, 활력소가 되어 자신감을 키우고 삶을 풍요롭게 만든다.
- ☑ **당신만의 멜로디를 믿고, 꾸준히 연주해 보자**
  숨겨진 재능은 반복과 시간 속에서 드러난다. 내 안의 가능성을 믿고, 시도해 보자.

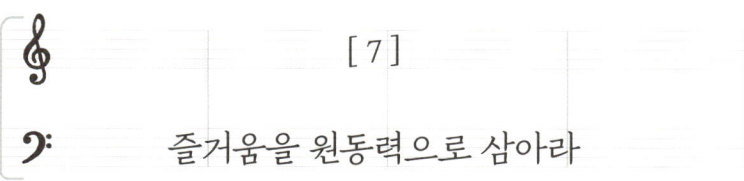

[7] 즐거움을 원동력으로 삼아라

'레오나르도 다빈치'처럼, 자신이 좋아하는 일에 몰두했던 사람들은 역사에 길이 남는 업적을 이룬다. 과연 무엇이 그들을 끊임없이 열정적으로 만들었을까?

지금 하는 일에 얼마나 만족하고 있는가? 혹시! 매일 아침 출근길이 즐거운가, 아니면 괴로운가. 누구나 한 번쯤 자신이 지금 하는 일에 회의감을 느껴본 적이 있을 것이다. 최근 연구 결과에 따르면, 자신이 하는 일에 만족하는 사람일수록 더 높은 삶의 만족도를 느낀다는 사실이 밝혀졌다. 즐거운 일을 할 때 자연스럽게 더 많은 시간과 노력을 투자하게 된다. 단순히 외부적인 보상을 추구하는 것과는 달리, 내면에서부터 우러나오는 강력한 동기부여를 제공한다. 물론 항상 즐거운 일만 할 수 있는 것은 아니다. 하지만 즐거움을 찾으려는 노력은 삶을 더욱 풍요롭게 만들어 준다.

초여름 햇살이 부드럽게 내리던 오후, 현관문이 열렸다. 다소 조심스러운 걸음으로 들어선 두 사람. 오십 대 중후반쯤으로 보이는 부부였다. 남편은 잿빛 셔츠 위에 바람막이를 걸쳤고, 아내는 단정하게 묶은 머리에 검은 손가방을 들고 있었다. 무엇보다 눈에 띄던 건, 그들이 꼭 맞잡은 두 손. 오래도록 함께한 사람들만이 공유할 수 있는 조용한 연대감 같은 것이 있었다.

"어떻게 오셨어요?" 하고 묻자, 아내가 대답했다.

"피아노를 배우고 싶어서요."

자연스럽게 그녀가 수업을 받을 거라 생각했다. 말투나 분위기, 태도에서 익숙함이 느껴졌기 때문이다. 그러나 예상은 틀렸다. 배우겠다는 사람은 남편이었다.

"제가요, 피아노를 한번 배워보고 싶어요."

목소리는 작았지만 단단했다. 아내는 덧붙였다. 자신은 성악을 전공했고, 피아노도 어느 정도 친다고. 하지만 남편을 직접 가르치는 건 도저히 자신이 없다며 입꼬리가 올라갔다. 남편은 그저 옆에서 조용히 미소만 지었다. 이후 아내는 다시 학원에 나타나지 않았다. 아마 건강이 썩 좋지 않았던 듯했다. 표정에 피로가 묻어 있었고, 걸음도 조심스러웠다. 등록을 마친 그는 첫 수업 날 피아노 앞에 앉아, 건반 위를 멍하니 바라봤다. '도'가 어디 있는지도 몰랐다. 아니, 그는 음악의 '음'자도 모르는 사람이었다. 하지만 눈빛만은 초롱초롱했다. 무언가를 배우고자 하는 사람에게서만 느낄 수 있는 진지함과

설렘. 그 눈빛은 마치, 오랜 시간 잊고 있던 '자신만의 즐거움'을 다시 찾아 나선 사람의 것이었다.

그에게 피아노를 배운다는 게 어떤 의미인지 물었다. 노후에 퇴직해서 취미생활을 하려면 미리 조금씩 배워두고 싶다고 했다. 퇴직해서 배우면 늦는다고. 처음에는 일주일에 두 번 수업받았다. 집에 피아노가 있으니까 집에서 열심히 예습과 복습했다. 체르니 100번 들어가면서 일주일에 한 번. 나머지는 집에서 연습했다. 실력이 빠른 속도로 향상되는 걸 보았다. 처음에 피아노 계이름 '도' 자리가 어느 위치인지도 모르고 왔는데, 노력은 결과로 보여줬다. 피아노를 배우는 게 재미있다고 했다. 성취감도 느낀다고 덧붙였다. 그는 피아노를 배우는 동안, 악기에 대한 애정을 느끼는 것은 물론이고 음악을 통해 자신의 감정을 표현하고 일상의 스트레스를 풀 수 있었다고 했다. 추억의 중요한 부분이 되었고, 행복을 발견했다고도 말했다. 1년을 계획하고 학원에 다녔지만, 배우는 과정이 즐겁다며 1년을 더 연장했다. 2년 다닌 시점의 그는 웬만한 피아노 악보는 읽을 줄 알았다. 피아노 명곡집에 나와 있는 '엘리제를 위하여'를 연주하는 실력까지 됐다. 뭐든 즐기다 보면 실력은 자연스레 따라오는 것이라는 사실을 몸소 보여주었다.

2024년 제주도 노인 생활 체육대회가 열렸다. 여러 단체팀들 중 자신이 속한 팀을 1등으로 이끈 선장이 있었다. 학원에서 악기를 배우고 있는 어르신이다. 리듬감과 박자감이 전혀 없었다. 하루는 댄스를 배운다고 했다. 댄스 역시 박자가 중요한데 '할 수 있을까?'라는 의구심이 들었다. 누가 봐도 댄스하고는 어울릴 것 같지 않다. 하지만 그는 댄스가 즐겁다고 했다. 거의 매일 노인 복지 회관에 갔다. 배운 지 얼마 되지 않았지만 먼저 배웠던 어르신과 실력을 나란히 겨루었다. 개인전이며 단체전까지 나갈 정도로 열정을 보였다. 역시 즐거우면 계속할 수 있고 그에 따른 성과도 따라오게 되는 것이다.

선장은 댄스를 배우기로 결심했다. 외부의 시선이나 자신의 나이에 얽매이지 않았다. 새로운 도전을 시도했다. 그의 도전은 개인의 성취를 넘어 타인에게 본보기가 됐다. 단순한 취미를 넘어 삶의 새로운 의미를 깨닫게 해준다. 결국 도내 체조 부문 1등이라는 성과를 이루었다. 제주도 대표로 2025년 4월에 전국체전에 출전하는 영광까지 얻었다. 이후, 전국체전에서 전국 3위라는 결과를 만들어냈다.

특별한 성공담이 아니다. 일상에서의 작은 도전이 얼마나 크게 작용할 수 있는지 보여주는 사례이다. 중요한 점은 나이에 상관하지 않고 새로운 도전을 할 수 있다는 용기다. 그는 주변에서 어떤 반응을 해도 흔들림이 없었다. 평소 무엇을 하든지 즐겁게 생각하고 시도했다. 그 과정에서 자신을 발견하고 성장할 수 있었다. 각자의 삶 속에서 많은 선택의 순간을 만난다. 작은 용기를 내 보자.

즐거움을 통해 지속 가능한 이유가 뭘까.

일을 할 때 즐거움을 느끼면 자연스럽게 몰입하게 된다. 몰입은 시간의 흐름을 잊게 만들고, 피로감보다 성취감을 앞세운다. 예를 들어, 음악을 좋아하는 사람이 연습하는 과정에서 즐거움을 느낀다면 오랜 시간 연습해도 힘들지 않다. 하지만 의무감만으로 연습한다면 금세 지루해지고 흥미를 잃게 된다. 같은 활동이라도 즐거움을 찾느냐에 따라 결과가 달라진다.

그렇다면, 어떻게 하는 일에서 즐거움을 찾을 수 있을까?

현재 하는 일이 당신의 삶과 어떤 연관이 있는지 생각해 보자. 의미를 찾으면 동기부여가 된다.

"그것이 크든 작든 삶에 신선함을 불어넣고, 당신을 성장시키는 기회가 된다."

늘 가던 길 대신 다른 길로 걸어보거나, 해보지 않았던 요리에 도전해 보자. 크지 않아도 괜찮다. 새로운 시도는 삶에 작은 물결을 만들고, 당신을 조금 더 단단하게 한다.

삶은 하루하루의 작은 선택들이 모여 만들어진다. 매일 즐겁게 할 수 있는 일을 찾고, 그 과정에서 의미를 발견하며 성장하는 것이 결국 만족스러운 삶으로 이어진다. 인생은 단순히 결과가 아니라 과정이 중요하다. 즐거운 일을 찾고, 지속하며, 그 과정에서 행복을 느껴보자.

🎼 실천 사항

- ☑ **억지 대신, 진짜 즐거움을 찾아보자**
  삶을 지치게 하는 건 일이 아니라 억지다. 억지로 하는 일은 오래가지 못하지만, 진심으로 즐기는 일은 피로조차 기쁨으로 바꾼다.

- ☑ **잘하려 하지 말고, 즐기며 시작하자**
  처음엔 누구나 서툴다. 마음을 열고 몰입할 수 있다면 이미 절반은 성공한 셈이다. 중요한 것은 '잘하느냐'가 아니라 '즐기느냐'다.

- ☑ **나이를 신경 쓰지 말고, 지금 순간에 집중하자**
  노인이 피아노를 배우고, 선장이 댄스를 시작한 것처럼 나이와는 무관하게 새로운 즐거움은 언제든 시작할 수 있다.

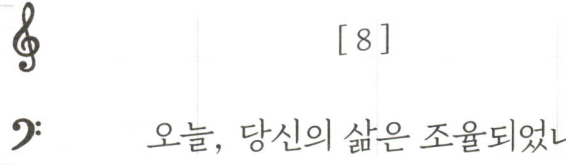

[8]

오늘, 당신의 삶은 조율되었나

위기는 언제나 작은 계기로부터 시작된다. 최근, 삶에 대한 태도와 인식을 바꾸는 두 가지 사건이 있었다.

'뭐지? 이 연기는.'
'콜록콜록'. 숨이 넘어간다. 앞이 보이지 않는다.
2024년 8월, 폭염주의보가 이어지던 날. 학원 업무를 마치고 파김치가 돼서 집에 왔다. 종일 아이들과 씨름하고 많은 업무로 인해 기운이 빠져 있었다. 집 안은 후텁지근했고, 배는 고팠다. 가스레인지에 냄비를 올려두고, '조금만 쉬었다가 먹어야지'라고 중얼거리며 소파에 몸을 기댔다. 그렇게 눈을 감은 게 화근이었다.

얼마나 지났을까. 새벽 1시 무렵, 알 수 없는 불길한 기운에 눈이 번쩍 떴다. 눈앞이 뿌옇고 숨이 턱 막혔다. 거실은 이미 연기로 가득했고, 공기 속엔 타는 냄새가 진동했다. 부엌을 향해 고개를 돌리는 순간, 심장이 철렁 내려앉았다. 가스 불 위의 냄비는 까맣게 타 있었다. 연기는 천장 가득 앞이 보이지 않았다. 창문을 열고 가스레인지를 껐다. 손이 부들부들 떨렸다. '조금만 늦었더라면…' 생각만으로도 아찔했다. 그날 이후, 매일 밤 가스 밸브를 확인하고, 불 켜진 냄비 앞에선 자리를 뜨지 않는다. 삶을 지탱하는 건 거창한 결심이 아니라, 그날그날의 작은 점검과 주의라는 걸 배웠다

며칠 지나지 않아, 이번엔 학원 사무실에서였다. 수업 중에 무슨 냄새가 났다. 1층이 분식점이라 냄새에 민감했다. 하지만 음식 냄새가 아닌 뭔가 타는 듯한 묘한 냄새. 탕비실로 향했다. 이상 없었다. 웬걸 사무실 문을 열었더니 컴퓨터 본체에서 갑자기 불꽃이 튀고, 연기가 솟구쳤다. 급히 소화기를 들었다. 한 번도 사용해 본 적이 없는 소화기. 바닥에 하얀 분말만 남겼을 뿐 불은 잡히지 않았다. 몇 번이고 바가지로 물을 떠다 부었다. 그렇지만 불길은 잡히지 않았다. 학생들은 레슨실에서 연습 중이었다. '혹시 불이 번지면…' 몇 초 사이에 수십 가지 생각이 머릿속을 휘젓고 지나갔다. 119를 부르려고 핸드폰을 들었다. 다행히, 운전하던 선생이 돌아와 신속하게 불을 꺼주었다. 사무실은 온통 물바다가 됐다. 컴퓨터 본체는 시커멓게 형태만 보였다.

이 두 번의 사건을 겪으며 하나의 음표가 새겨졌다.
"아무리 피곤하고 바빠도 가스와 전기. 반드시 확인하자."

"전자기기와 설비들 익숙하다고 방심하지 말고 정기적으로 점검하자." 그동안 너무도 당연하게 곁에 두고 살아온 것들이 순식간에 위협이 될 수 있다는 걸 몸으로 배웠다. 위험은 예고 없이 다가온다. 안전은 삶의 기본 박자다. 그걸 놓치면 아무리 아름다운 음악도 한순간에 멈춰버릴 수 있으니까.

늘 해오던 일. 지나치던 장면 속에 경고음은 분명 있다. 하지만 익숙하다는 이유로 괜찮을 거라는 마음으로 그 소리를 놓쳤다. '작은 점검'과 '조금의 경계'에서 비롯된다는 것을. 가스 밸브를 한 번 더 확인하는 습관, 소화기를 직접 사용해보는 경험, 플러그의 먼지를 닦아주는 손길. 이 모든 사소한 행동들이 어쩌면 우리의 하루를, 그리고 사랑하는 사람들의 생명을 지키는 가장 중요한 음표다.

'작은 점검'이 미치는 변화는 인간관계에서도 적용된다. 타인에게 건넨 작고 사소한 행동이 큰 변화로 돌아온 경험을 누구나 한 번쯤 해 보았을 것이다.

"사는 게 왜 이렇게 힘든지 모르겠어…"
"이야기하는 것만으로도, 조금 가벼워지는 기분이야."
몇 년 전, 오랜 친구 S가 눈에 띄게 말수가 줄었다. 밝고 유쾌하던 모습은 찾아보기 어려웠다. 그저 일상이 바쁜 탓이겠거니 했지만, 어느 날 카페에서 툭 튀어나온 한마디가 마음을 붙들었다. 그녀는 남편과 이혼하고 딸 2명과 지내고 있었다. 개인적인 일로도 마음이 지쳐 있었지만, 마음을 드러내는 걸 어려워했다. 언제나 농담으로 상황을 넘기던 그녀였기에, 진심을 꺼내놓을 창구가 없었던 것이다. 결심하고 그녀를 다시 만났다. 말하는 것보다 '듣는 게' 먼저라는 것을 그날 다시 배웠다. 문제를 해결해 주려는 조급한 충고보다, 그녀가 말할 수 있도록 가만히 기다려주는 태도가 필요했다. 천천히, 아주 천천히 입을 열기 시작한 그녀는 처음으로 자신의 두려움과 무력감을 말로 옮겼다. 그녀가 그날 남긴 이 한마디는 오래도록 가슴에 남았다. 공감은 말이나 조언이 아니며 고개를 끄덕이는 모양새가 아니다. 서 있는 자리에 한발 다가서는 일이다. 문제를 대신 풀어주는 것이 아니라, 그 무게를 잠시 함께 들어주는 것이다. 그날 이후, 그녀는 조금씩 변했다. 여전히 힘든 날도 있었지만, 적어도 '자신을 이해해주는 사람이 있다'는 사실이 버티게 해주는 힘이 되었다고 했다. 그리고 나 역시 깨달았다. 사람을 변화시키는 건 결국, 공감이라는 조용한 음표 한 줄이라는 것을. 그날 이후, 그녀는 스스로 문제를 해결하기 위해 적극적으로 노력하고 있다. 그녀의 삶에 긍정적인 변화를 가져왔다. 공감의 힘이 얼마나 중요한 역할을 했는지를 깊이 느꼈다. 공감의 중요성을 다시 한번 일깨워주었다. S와의 경험은 삶의 중요한 지침이 되었다. 누군가에게 따뜻한 경청자가 되어주는 것만으로도, 긍정적인 영향을 미친다.

이제, 하루의 끝에 묻는다. "오늘 당신은 삶의 리듬을 안전하게 조율했는가?" 이 작은 질문 하나가, 당신 삶에 단단한 박자를 불러온다. 그리고 그 리듬은, 변화의 시작점이 된다.

🎼 실천 사항

- ☑ **하루 한 번, 가스와 전기 점검 루틴 만들기**
  잠들기 전, 외출 전 가스 밸브와 플러그, 전자기기 상태를 확인하는 습관을 들이자.
  눈에 보이는 작은 체크가 큰 사고를 막는다.
- ☑ **소화기 사용법 익히고 점검하기**
  실제로 한 번은 직접 소화기를 사용해보자. 사용 위치, 방식, 유효기간을 정기적으로 확인하는 것만으로도 위기 대처력이 달라진다.
- ☑ **하루 한 사람, 진심 어린 경청 실천하기**
  누군가의 말을 끊지 않고 끝까지 들어주자. 판단 없이, 해결하려 하지 않고 들어주는 것만으로도 큰 위로가 된다.

인생이라는
악보 위에서

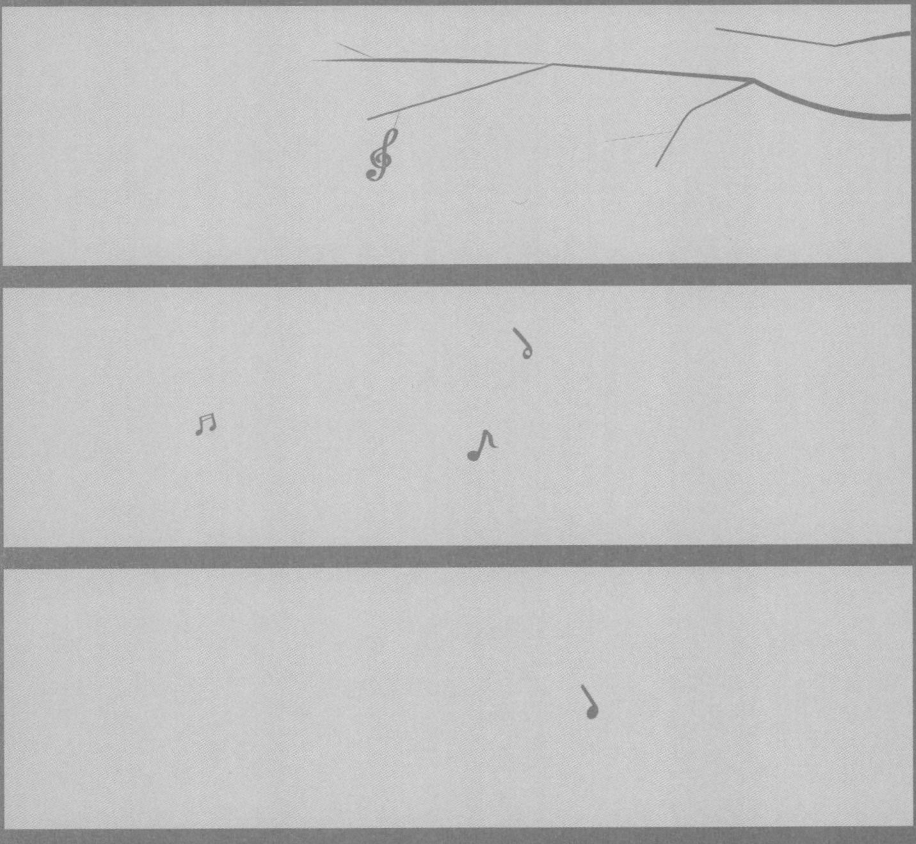

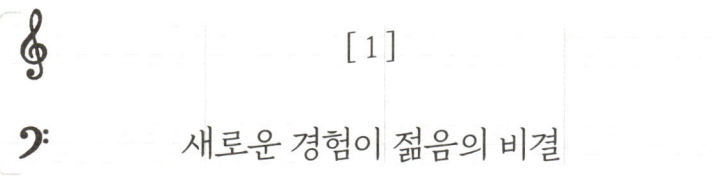

[1] 새로운 경험이 젊음의 비결

 인생을 살아가는 동안 수많은 새로운 경험을 하며 성장한다. 지혜를 배우고, 삶을 더욱 풍부하게 만들어 준다. 시간이 흐르면서 익숙한 일상에 안주하거나 변화에 대한 두려움 때문에 새로운 경험을 피하기도 한다. 하지만 새로운 경험이 젊음을 유지하는 비결이라는 것은 많은 연구와 경험을 통해 증명된 사실이다. 새로운 경험이 중요한 이유가 뭘까?

 새로운 경험은 뇌를 자극하고, 창의력을 높이며, 삶에 대한 열정을 불러일으킨다. 뇌는 반복되는 일상에 익숙해지면 자극이 줄어든다. 신경 퇴화와 인지 기능 저하로 이어진다. 새로운 경험은 이러한 문제를 예방하는 데 큰 역할을 한다. 신경과학 연구에 따르면, 새로운 도전과 경험은 뇌의 신경 가소성을 증가시킨다. 즉, 뇌가 새로운 정보와 상황에 적응하는 능력을 높이며, 이는 뇌의 건강을 유지하고 나이가 들면서도 정신적으로 젊음을 유지하는 데 기여한다.

인생은 본질적으로 반복된 경험의 연속이다. 사람마다 조금씩 다르다. 새로운 경험을 두려워하는 사람들이 많다. 몇 년 전까지만 해도 책을 읽는 시간이 아깝다는 생각이 강했다. 책 읽을 시간에 돈을 벌어야 했다. 생업을 유지해야만 했기 때문이다. 왜? 경제적으로 어려웠다. 당연히 책과는 거리가 멀었다. 책을 읽는 건 사치라고 여겼다. 50세가 될 때까지 책을 10권도 읽지 않았다. 지금 생각하면 부끄러운 일이다. 학원 연주회 때 인사말을 해야 하는 상황이었다. 도저히 용기가 나지 않았다. 리더십 과정을 등록했다. 12회차였다. 비슷한 내용의 과정을 3차례 수료했다. 시간이 지나도 도움이 되지 않았다. 주변에 말 잘하는 사람을 보면 '어떻게 저렇게 말을 잘 할 수가 있을까?' 늘 부럽기만 했다. 스스로가 말주변이 없다고 생각해서 포기했다. 예전처럼 책도 읽지 않게 됐다.

새로운 악기를 배우는 데 시간과 비용을 아끼지 않았다. 이는 단순한 취미가 아니라, 일과 연결되는 중요한 투자였다. 하지만 직업상 악기를 익힌다는 건 쉬운 선택이 아니다. 결과에 대한 기대치가 높기 때문에, "잘해야 본전"이라는 말을 자주 듣는다. 그만큼 부담이 크다. 그 과정을 통해 얻게 되는 신선한 자극과 성장의 기회는 무엇과도 바꿀 수 없는 가치다.

최근 직업과는 조금은 거리가 있는 새로운 일에 도전했다. 바로 글쓰기 공부를 시작한 거다. 삶과 사고방식에 많은 변화를 가져왔다.

처음 글쓰기를 시작했을 때, 단순히 일상에서의 생각이나 감정을 기록하려는 목적이었다. 아침에 일어나서 모닝 일기를 썼다. 처음에는 시간 낭비라고 생각했다. 시간이 지나면서 생각이 바뀌었다. 힘들었던 일이나 좋았던 일을 모닝 일기장에 적으면서 마음을 풀어 놓는 친구가 됐다. 글쓰기는 많은 것을 가르쳐주었다. 일상의 모든 순간이 새롭게 의미를 부여받는 것을 경험했다. 단순히 문장을 구성하고 이야기를 만드는 행위 이상의 의미를 가진다. 매일매일의 일상에 새로운 시각을 가지고 접근할 수 있었다. 평범한 일상적인 사건도 글로 기록하려고 하면 그 자체로 새로운 의미를 발견할 수 있었다. 글쓰기 과정은 힘들지만 흥미롭고 신선하게 느껴진다.

또한, 사고를 확장 시킨다. 일상의 작은 순간들을 관찰하게 된다. 그 속에서 의미를 찾으려고 노력한다. 생각과 감정을 더 깊이 이해하고 표현하는 법을 배웠다. 결과적으로, 이러한 자기이해와 반성의 과정은 내면의 젊음을 유지하는 데 도움을 주었다. 열정적인 삶에 대해 성찰하는 기회가 되었다.

글을 쓰면서 새로운 아이디어를 떠올린다. 상상력을 발휘하게 된다. 창의적인 자극은 인지 기능을 강화시키고, 정신적으로 더욱 활발하게 만들어 주었다. 뇌의 건강을 넘어 전반적인 면에서 삶의 질을 높이는 데 기여했다고 확신한다. 아울러 내면과 삶에 대해 더 깊이 이해하게 되었다. 더 많은 열정과 에너지를 갖게 된 건 덤이다.

매일 글을 쓰며 일상의 의미를 찾고 창의성을 발휘하고 있다. 하루가 충만하고 젊은 삶을 살아가는 기쁨을 맛본다.

'새로운 경험'은 단순히 흥미로운 것 이상의 의미가 있다. 뇌를 자극하고, 창의력을 증진시켰다. 새로운 도전이었다. 또 다른 나를 발견했다. 자신감과 성취감도 얻었다. 삶에 대한 열정을 더욱 확고히 할 수 있었다.

새로운 취미나 운동을 통해 얻는 신체적 활동은 건강을 유지하고, 스트레스를 줄이는 데 도움이 된다. 아침에 모닝 일기를 쓰고, 짬 내서 독서하는 시간을 만들었다. 시간이 관리되니, 몸에 활력이 넘친다. 물론 눈이 침침해서 불편하지만, 그래도 즐겁다. 결국 건강을 넘어, 정신적인 안정과 웰빙을 가져오는 데 기여함은 분명한 사실이다. 게다가 삶의 의미를 더 깊이 이해하는 데 도움이 되었다. 익숙한 패턴에서 벗어나니 일상의 모든 순간이 다르게 보인다. 새로운 것에 도전하면서 삶을 다시 평가해 보았다. 진정으로 중요한 것이 무엇인지에 대해 직면할 수 있었다. 삶의 질이 높아졌고, 인간으로서 한 차원 성숙해졌다고 확신한다. 성장의 증거다.

결론은 새로운 경험에 꾸준히 도전하면 젊음이 유지된다. 삶을 더욱 흥미롭고 의미 있게 만드는 비결이다. 일상에서 벗어나 새로운 도전과 변화를 받아들이는 자세를 가지는 것이 중요하다. 앞서 설명했듯이 뇌와 신체를 건강하게 유지해 줄 뿐만 아니라 사회적 관계를 풍부하게 만든다. 두려움을 넘어서 새로운 경험을 시도해 보자. 지속적으로 당신의 한계를 확장해 나가야 한다. 이러한 노력이야말로 충만하고 신나는 삶을 만들어 주는 핵심이라고 할 수 있다.

글쓰기, 여행, 악기 연주 등 다양한 취미를 즐긴다. 아울러 긍정적인 마인드셋, 꾸준한 도전, 휴식 시간을 갖는다. 다양한 측면에서 젊음을 유지하는 나만의 방법이다.

🎼 실천 사항

☑ **뇌에 자극을 주는 '새로운 일'을 시작해 보자**
하루 10분이라도 낯선 자극을 주는 활동은 뇌의 회로를 새롭게 만든다. 새로운 단어를 써보거나, 생전 처음 들어보는 악기 소리를 들어보는 것부터 시작해도 좋다.

☑ **처음의 두려움을 용기 있는 한 걸음으로 바꿔보자**
도전은 원래 두렵다. 하지만 그 두려움을 넘어선 첫걸음에서 성장이 시작된다. 두려움을 한 걸음 내딛는 그 순간, 당신은 더 깊이 있는 자신을 만나게 된다.

☑ **익숙한 루틴에서 잠시 벗어나자**
늘 걷던 길 대신 다른 골목을 걸어보고, 쓰던 손이 아닌 다른 손으로 그림을 그려보자. 새로움은 작은 일탈에서 시작된다. 익숙함 속에 머무르면 뇌는 점점 둔해지고 삶은 단조로워진다.

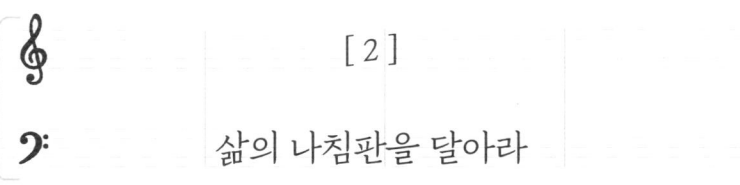

[2]

삶의 나침판을 달아라

정신의학자 빅터 프랭클(Viktor Frankl)은 이렇게 말했다.

"삶의 의미를 찾으려는 노력은 인간의 기본적인 동기다."

많은 사람이 아침부터 저녁까지 바쁘게 움직인다. 일하고, 가족을 돌보고, 해야 할 일들을 처리하다 보면 하루가 훌쩍 지나간다. 하지만 어느 순간, '왜 이렇게 살고 있지?'라는 질문이 불쑥 떠오르곤 한다. 이유 없이 반복되는 일상은 마음을 지치게 만들고, 작은 일에도 쉽게 흔들린다. 그렇게 삶의 방향을 놓치고 만다. 이럴 때 필요한 것이 바로 '나침판'이다. 진짜 원하는 것이 무엇인지, 어떤 삶을 살고 싶은지 스스로에게 묻고, 그 방향을 정하는 것. 그 작은 질문이 삶의 중심을 잡는 시작이 된다. 목표가 또렷하면 사소한 일에도 의미가 생기고, 흔들리는 순간에도 다시 돌아올 기준이 생긴다.

삶의 나침판은 누구에게나 필요하다. 거창할 필요는 없다. '오늘 하루, 나답게 살아보자'는 다짐만으로도 충분하다. 방향이 있을 때 삶은 덜 흔들리고, 주어진 현실 속에서도 중심을 잃지 않는다. 중요한 것은 그 방향을 스스로 선택하는 것이다.

코로나19 때. 주변의 반대에도 코로나가 곧 끝날 거라는 생각에서 학원을 확장 이전했다. 학생 수가 정체되었다. 고민이 많았다. 수업의 질은 높았지만, 마케팅 전략이 부족했다. 학원의 장점을 알리는 데 한계가 있었다. 학생 수를 늘리기 위해 매일 블로그 글을 발행했다. 또한, 목표를 설정하고 이를 달성하기 위한 구체적인 계획을 세웠다. 단순히 '학생 수를 늘리자'는 생각에서 시작한 목표는, 일상 전체의 리듬을 바꾸어 놓았다. 목적을 가진 삶은 다르게 흘렀고, 그 흐름 속에서 느껴지는 감각 하나하나가 전보다 훨씬 더 생생해졌다. 첫 번째 실천은 홍보지였다. 이른 아침 한라수목원에 가는 대신 홍보지를 부치러 주변 아파트를 헤집고 다녔다. '학원을 알린다'는 목적을 품자는 생각에서. 매일 가는 단지마다 부착할 게시판을 찾고, 주민들과 눈을 마주치며 미소를 건넸다. 땀에 젖은 손에 들린 홍보지는 생각보다 금방 구겨졌지만, 그 안에는 정성과 간절함이 그대로 담겨 있었다. 처음엔 오해도 있었다. 어떤 날은 아파트 관리사무소에서 항의 전화를 받기도 했다. 허가 없이 붙였다며 목소리가 날카로웠다. 손끝이 저릿해질 만큼 긴장되는 순간도 많았다. 그럴 때마다 마음은 갈대처럼 흔들렸지만, '왜 이걸 하고 있는지'를 다시 떠올리면 방향이 또렷해졌다. 흔들려도 나침판은 여전히 북쪽을 가리키

듯, 마음속 목표도 다시 자리를 잡았다. 두 번째 실천은 블로그였다. 학생들과의 에피소드, 수업 중 웃음이 터졌던 장면, 연주회를 앞두고 떨려 하던 아이들의 손가락, 그 작은 떨림까지도 글 속에 담았다. 처음엔 조회 수도 거의 없고, 반응도 없었다. 고요한 새벽, 키보드 자판을 두드리는 소리만 방 안을 채웠다. 하지만 어느 날부터인가, "블로그 보고 연락드려요."라는 문의 전화가 하나둘 늘어나기 시작했다. 처음 블로그를 운영할 땐 학생 모집이 목적이었다. 하지만 시간이 흐르면서 하나의 기록이 되었고, 삶의 흔적이 되었다. 가끔 글을 쓰다 멈추고, 창밖을 보면 붉게 물든 저녁노을이 눈부셨다. 그런 날은 마음도 따뜻해졌다. 어느 날은 '오늘은 무슨 이야기를 쓸까?' 생각하며 커피 향을 맡고, 노란 조명 아래에서 조용히 글을 쓰는 그 시간이 하루 중 가장 집중되는 순간이 되었다. 매일 홍보지를 돌리고, 글을 쓰고, 학생들과 마주하며 지낸 시간은 결코 쉬운 여정이 아니었다. 하지만 그 속에서 진심을 담아 한 걸음씩 나아갔다. 그 결과, 학원의 학생 수는 조금씩 늘어났고, 무엇보다 학부모와의 신뢰도 깊어졌다. 손끝으로 느껴지는 악기의 떨림만큼이나, 사람의 마음도 조심스럽게 다가갈 때 전해진다는 걸 알게 되었다. 목표가 있기에 움직일 수 있었고, 그 과정에서 삶은 조금 더 단단해졌다. 단순한 목표였지만, 그것은 삶을 움직이게 하는 커다란 동력이 되었다. 삶의 나침판이란 거창한 것이 아니다. 오늘 무엇을 향해 걸을 것인지, 무엇을 위해 한 줄을 쓸 것인지. 그런 선택이 모여 삶을 만든다. 나침판이 있다는 것, 그것만으로도 하루는 전보다 덜 흔들린다. 그리고 언젠가 그 방향이 쌓여, 자신만의 길이 된다.

목적을 가지고 생활하는 데 도움이 될 만한 방법 세 가지를 정리해보았다.

첫째, 명확한 목표 설정이 중요하다. 목표가 명확하면, 그 목표를 달성하기 위한 구체적인 계획을 세우고 실천할 수 있다. 목표를 설정할 때는 자신이 무엇을 원하는지, 왜 그것이 중요한지 명확히 해야 한다. 이를 달성하기 위해 작은 단계로 나누어 실천해보기를 권한다. 목표가 뚜렷할수록 목표를 향한 여정이 더 수월하고 의미 있게 느껴질 것이다.

둘째, 지속적인 노력과 인내가 필요하다. 어떤 목표를 달성하려면 꾸준한 노력과 인내가 필수적이다. 처음에는 힘들고 성과가 작다. 꾸준히 노력하면 반드시 변화가 일어날 것이다. 힘든 시기에도 포기하지 말고, 작은 성취를 축하하며 계속 나아가는 것이 중요하다.

셋째, 목표 달성 과정에서의 학습과 성장이다. 목표를 향해 나아가는 과정에서 많은 것을 배우고 성장한다. 실패와 성공을 통해 얻는 경험은 앞으로의 삶에 큰 자산이 된다. 자신에 대해 더 잘 알게 되고 강해진다.

🎼 실천 사항

☑ **삶의 중심을 잡아 줄 '당신만의 목적'을 적어 보자**

지금 이 시점, 당신이 진심으로 원하는 삶은 어떤 모습인지 글로 정리해 보자. 명확한 방향은 삶을 흔들림 없이 이끈다. 삶의 방향을 잃고 흔들릴 때, 명확한 목적은 나침반이 된다.

☑ **목표를 작게 쪼개어 일상에 녹여 보자**

큰 꿈도 결국은 작은 행동의 반복에서 시작된다. 오늘 한 가지, 실천 가능한 행동을 정하고 실행에 옮겨보자. 목표를 세우고, 이를 이루기 위한 구체적인 행동을 실천하는 것이 중요하다.

☑ **결과보다 '과정'을 믿고 걸어가자**

지금은 눈에 보이는 변화가 없더라도, 방향을 잃지 않고 걷는 사람은 반드시 도달한다. 인내하며 스스로를 응원하자. 꾸준한 노력과 인내는 결국 변화를 이끌어낸다.

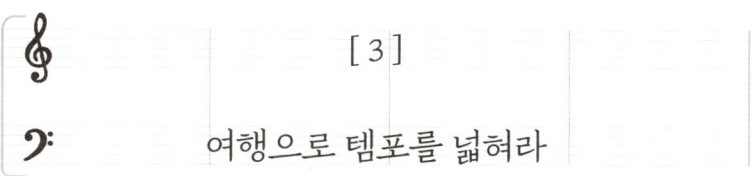

[3]
여행으로 템포를 넓혀라

"여행은 편견, 편협함, 그리고 근시안을 없애준다."
— 마크 트웨인(Mark Twain)

여행은 단순히 낯선 곳을 탐험하는 행위가 아니다. 그것은 익숙한 리듬을 벗어나 인생의 새로운 템포를 발견하는 과정이다. 유명 작가 마크 트웨인의 말처럼, 여행은 우리 안에 자리 잡은 제한된 시야를 깨뜨리고 보다 넓고 깊은 세계로 이끌어준다.

익숙한 일상에서 잠시 떨어져 낯선 환경에 발을 디딜 때, 우리는 본능적으로 자신과 대면하게 된다. 계획대로 흘러가지 않는 상황, 예상치 못한 도전, 우연히 마주한 사람들 속에서 우리는 스스로를 새롭게 발견하고, 삶의 새로운 박자를 익히게 된다.

다른 문화와의 교류는 사고의 틀을 넓히고, 다양한 삶의 방식은 '나답게 사는 법'에 대해 다시 묻는다. 그 과정에서 진정으로 원하는 것이 무엇인지, 삶에 어떤 리듬이 필요한지 점차 선명해진다.

여행은 결국 공간의 이동이 아니라, 마음의 탐색이자 삶의 악보에 새로운 음표를 더하는 일이다.

여행이 삶을 확장하고 성찰의 계기를 준다는 말은 누구나 안다. 그러나 현실 속 시간, 비용, 책임 등 여러 이유로 인해 쉽게 떠나지 못한다. 또, 여행이 반드시 성장으로 이어진다는 보장도 없다. 그렇다면 진정한 변화는 '여행' 그 자체보다, 낯섦을 받아들이는 태도에서 비롯되는 것은 아닐까?

학창 시절 수학여행을 제외하고 여행을 다녀본 기억이 별로 없다. 더군다나 외국 여행은 60세 가까이 살아오면서 단 한 번도 다녀온 적이 없었다. 경제적으로 어려웠던 삶을 살았기 때문이다. 어쩌면 그런 여유가 없었다고 해야 맞을 것 같다. 시간을 낼 수 없었던 삶을 살았다. 남들 다 쉬는 주말에도 학원을 운영하고 수업을 진행했다. 학원 여름방학과 겨울방학에도 학교 방과 후 수업으로 바빴다. 하기야 시간을 내려고 하면 어떻게든 낼 수도 있었다. 여행의 필요성을 알지 못했다고 해야 맞을 것이다.

2023년 학원 겨울방학이 다가올 즈음, 직원 중 한 명이 외국 여행을 가자고 제안했다. 그때만 해도 별 관심이 없었다. 그러나 학원 선생들과 가는 것이기에 운영자로서 거절할 필요는 없다고 생각했다. 여행 날짜가 다가왔다. 여행을 가기 전 설렘은 좋은 에너지를 줬다.

드디어 겨울방학이 시작됐다. 기다리던 3박 5일의 대만 여행길에 올랐다. 외국 여행을 처음 가보는 거라 패키지로 예매했다. 아무런 고민 없이 일행들을 따라다니면 되겠다고 생각했다.

대만 공항에 도착. 입국 신고서를 작성하고 공항을 나가야 하는 상황이다. 다른 일행들은 다 빠져나갔다. 대만 공항에서 1시간을 헤맸다. 패키지여행이라 '여행사에서 알아서 하겠지.'하고 가볍게 생각했다. 입국 신고서를 작성하지 않았던 게 화근이었다. 어찌할 바를 몰랐다. 영어를 배우기는 했지만, 그 상황에서 의사소통하기란 쉬운 일이 아니었다. 우여곡절 끝에 공항을 겨우 빠져나왔다. 나와보니 일행들 모두가 우리를 기다리고 있었다. 미안한 마음이 들었다. 가이드가 한마디 했다. "왜 늦었어요?" 누구도 말을 잇지 못했다. 곧 어떻게 된 상황인지 알게 되었다. 가이드가 제주도까지 와서 함께 인솔해야 했던 거다. 그런데 바로 대만 공항에서 우리를 맞이한 것이다. 순간 기분이 좋지 않았다. 그 상황을 받아들이고 이해하려고 애썼다. 경험이 중요하다는 걸 다시 한번 느꼈다. 그때 상황을 떠올리면 입가에 쓴웃음이 묻어난다.

여행. 시작도 전에 당황스러운 일을 겪었지만 그마저도 특별한 경험이었다. 일상에서 벗어난 여행은 관광 이상의 의미가 있었다. 많은 것을 배우고 느낄 수 있는 기회가 되었다. 첫날, 대만 타이베이에 도착했다. 이국적이고 낯선 거리 풍경에 두 눈은 이곳저곳 구경하기 바빴다. 타이베이 '101 전망대'에서 바라본 도시의 전경은 장관이었다. 사진 찍고 주위를 둘러보며 즐겁고 행복한 시간을 보냈다. 유명한 관광지를 방문하는 것도 의미 있지만, 여행을 함께 한 사람들과의 유대감이 더 크게 와닿았다. 서로 모르는 사람들과의 만남이었지만 금방 친해졌다. 두 번째 날, 타이중으로 이동했다. 전통시장인 '펑지아 야시장'을 방문했다. 다양한 길거리 음식과 현지 상인들과 교류했다. 대만 문화를 직접 체험할 수 있는 소중한 기회였다. 특히, 일행들과 함께 길거리 음식을 나누어 먹으며 자연스럽게 대화를 나눴다. 서로의 이야기를 들을 수 있었던 순간이었다. 평소 학원에서의 관계를 넘어 더 깊은 이해와 신뢰를 쌓을 수 있는 계기가 되었다.

다음으로 타이난의 역사적인 유적지를 탐방했다. 특히, 대만의 고대 사원들과 문화재들을 방문하면서, 그 지역의 역사와 전통을 배울 수 있었다. 가이드 설명을 들으며 깊이 있는 역사적 배경과 그 의미를 이해하게 되었다. 이러한 지식을 바탕으로 여행이 더 의미 있는 시간이 되었다.

마지막 날, 자유 시간이 주어졌다. 온천에서 시간을 보냈다.

여행을 통해 배운다. 즉, 다른 나라의 문화를 존중하는 것, 새로운 경험을 대하는 자세가 중요하다. 서로 다른 배경과 성격을 가진 사람들이 더욱 친밀하게 소통하고 협력하는 기회였다. 결론적으로, 대만 여행은 새로운 관광지를 방문하는 경험이었다. 동시에 서로를 더 잘 이해하고, 인생의 교훈을 얻을 수 있는 시간이었다. 서로에 대한 배려와 이해를 더욱 깊게 할 수 있는 밑거름이 될 것이다. 의미 있는 첫 외국여행이었다.

안전지대를 한 번쯤 벗어나 보자. 낯선 길에서 자신을 발견하고, 새로운 문화 속에서 마음을 넓힐 수 있을 것이다. 여행은 단순한 관광뿐 아니라, 자아를 찾아가는 여정이다. 세상을 바라보는 시각과 변화시키는 힘을 키워준다. 결국 여행은 시간 낭비가 아닌, 당신을 성장시키는 길이다.

🎼 실천 사항

☑ **가까운 곳이라도, 지금 떠나보자**
여행은 멀리 가야 의미 있는 것이 아니다. 익숙한 길도 다른 시선으로 보면 새로운 이야기가 된다. 지금 당장, 가까운 동네라도 걸어보자.

☑ **낯선 경험 앞에서 당신을 지켜라**
길을 헤매고 실수하는 순간에도, 그것이 바로 당신을 더 단단하게 만드는 과정이다.
실수도 하고 당황도 하지만, 그 경험들이 삶의 시야를 넓히고 마음을 단단하게 만든다.

☑ **여행을 통해 타인을 이해하는 눈을 넓히자**
사람, 문화, 풍경 속에서 다름을 배운다. 마음을 열고 타인의 삶을 듣고 느낄 때, 당신 안의 이해도 깊어진다. 여행은 당신과 타인을 더 잘 이해하는 통로이며, 삶의 템포를 넓히는 귀중한 기회다.

[4]
작은 것에서 하모니를 찾아라

　기쁨을 가져다주는 작은 순간과 경험을 감상하는 시간을 가져야 한다. 그러면, 보다 긍정적이고 삶의 질을 높이는 만족스러운 삶을 살 수 있다. 작은 것에서 기쁨을 찾는 방법은 사람마다 다르다. 같은 상황에서도 어떤 이는 기쁨을 느끼고 어떤 이는 그저 지나치는 경향이 있다. 무슨 일이든 어떤 시각으로 바라보는지가 중요하다. 종종 큰 목표와 성취에만 집중하며, 일상의 작은 행복을 잊고 살아갈 때가 많다. 하지만 삶의 진정한 의미는 바로 그 작은 것에서 시작된다. 아침에 마시는 따뜻한 커피 한 잔, 바람에 흔들리는 나뭇잎의 소리, 반려견 둘리의 미소 등은 큰 위로와 기쁨을 준다. 이러한 작은 순간들은 누군가에게는 잊혀질 수 있다. 그것을 의식적으로 바라보자. 새로운 감동과 감사의 마음을 느낄 수 있다. 필자가 실천하고 있는 것들을 소개하고자 한다.

　첫째, 작은 것에서 시작하자. 종종 일상에서 기쁨을 찾기 어려워한다. 바쁜 생활 속에서 큰 성취나 특별한 순간을 기다리기 때문이다. 결국 소중한 일상의 작은 기쁨을 놓쳐버리게 된다. 기쁨은 항상 가까이에 있다. 친구와의 소소한 대화, 또는 좋아하는 음악을 들으며 잠시 멈춰 서는 순간들에서 기쁨을 발견한다. 이러한 작은 순간들은 마음에 큰 위안을 주고, 하루를 긍정적으로 시작할 수 있는 힘을 준다.

"무지개가 떠 있네!"

자동차 운전 중이었다. 하늘 저편에 7가지 색으로 보이는 무지개가 걸려 있는 걸 봤다. 요즘 보기 드문 현상이다. 잠시 차를 옆에 세워두고 휴대폰을 들었다. 의식적으로 기뻐하며 사진찍는 나를 발견했다. 이것 또한 작은 것에서 기쁨을 찾는 방법의 하나다.

둘째, 음식에 대한 감사함을 가져라. 음식은 우리 몸뿐만 아니라 영혼에도 영양을 공급하는 힘이 있다. 집에서 만든 저녁 식사든, 좋아하는 간식이든, 맛있는 식사를 음미하는 시간을 가지자. 어두운 날도 밝게 빛날 수 있는 즐거움과 만족감을 얻을 수 있다. 음식은 또한 다른 사람들과 연결하고 커뮤니티를 구축하는 강력한 도구가 된다. 친구나 가족과 함께 식사를 나누는 것은 소속감과 유대감을 키운다. 정신적, 정서적으로 필수적인 요소다. 함께 식사를 즐기고 의미 있는 대화를 나눌 수 있는 시간을 가짐으로써 인간관계를 돈독히 하고 행복감을 높인다.

'다른 사람에게 점심을 사면 학원생 한명이 등록한다?'

마치 우스갯소리 같지만 신기하게도 몇 번이고 반복된 경험이다. 우연히 점심을 먹다가 떠오른 생각이 있다. 베푸는 기쁨이 결코 헛되지 않는다는 것이다. 물론, 그런 생각으로 점심을 샀던 것은 아니다. 작은 기쁨을 나눌 때 더 큰 기쁨이 되어 돌아온다는 사실을 경험했다. 점심에 K원장에게 점심을 사줬는데 금요일에 상담받은 유치원생이 월요일부터 다니겠다고 연락이 왔다.

셋째, 일상에서 감사의 마음을 가져라. 일상에서 기쁨을 찾기 위해서는 감사의 마음을 가지는 것이 중요하다. 매일매일의 작은 것들에 감사하는 습관을 들이면, 자연스럽게 기쁨을 느낄 수 있는 순간들이 많아진다. 예를 들어, 건강한 몸과 마음, 사랑하는 가족들과의 관계, 그리고 일상에서 누리는 소소한 즐거움에 대해 생각해 보자. 당연하게 여기는 것들이지만, 실제로는 삶을 더욱 풍요롭게 만드는 중요한 요소들이다. 이처럼 감사의 마음을 가지면 기쁨을 찾는 것이 훨씬 더 쉬워진다. 감사한 것들에 대해 매일 생각해 보는 것은 부족한 것에서 벗어나 가진 것으로 초점을 옮기는 데 도움이 된다. 아름다운 석양이든, 낯선 사람의 친절한 몸짓이든, 맛있는 식사든 시간을 내어 알아본다면 삶에는 감사할 수 있는 것들이 무수히 많다. 음악을 가르치며, 글을 쓰며, 살아가는 모든 순간순간 감사함을 느낀다. 첫 종이책 공저 출간에 감사함을 느끼고 있다.

넷째, 나만의 기쁨을 찾아라. 개인의 취향과 관심사에 따라 기쁨을 찾는 방법도 다양하다. 자신이 좋아하는 활동이나 취미를 통해 일상에서 기쁨을 찾는다. 예를 들어, 직업 이외에 댄스를 배우는 일, 수영을 하는 일 등 나만의 취미활동을 통해 기쁨을 찾아보자. 스트레스를 해소하고, 자신을 표현하는 좋은 방법이다. 나만의 기쁨을 찾는 과정은 당신을 더 깊이 이해하고, 삶의 질을 향상시키는 데 큰 도움이 된다.

　매주 토요일 아침 6시. 온라인 독서모임 구성원들과의 깊은 대화를 나눌 때 기쁨을 느낀다. 그리고 학원을 운영하며 다양한 연령층과의 만남을 통해 단지 악기를 가르치는 차원을 넘어 서로 공감대를 형성하고 오랜 시간 함께 하는 기쁨을 느낀다.
　다섯째, 일상의 기쁨을 소중히 여기자. 일상에서 기쁨을 찾는 것은 작은 습관과 마음가짐에서 시작된다. 매일의 작은 기쁨을 소중히 여기자. 그 순간들을 즐기며 살아간다면, 삶은 더욱 풍성해질 것이다. 오늘도 작은 것에서 기쁨을 찾아보자. 소소한 행복이 당신의 하루를 밝히는 빛이 될 것이다. 스트레스로 인해 소소한 행복을 놓치기 쉽다. 결국 작은 기쁨을 찾는 것이 중요하다.

　"원장님 피아노 수업이 너무 재미있어요!", "음악학원에 올 때가 제일 좋아요."
　학원생인 예온이랑 제인이는 둘도 없는 친구다. 항상 같이 들어온다. 얼굴에는 미소를 잃지 않는다. 아이들의 말 한마디. 이런 순간이 일상의 기쁨이자 보람이다.

작은 것에서 기쁨을 찾는 여정은 삶의 진정한 가치를 일깨워준다. 일상의 소소한 행복을 느끼며 살아가다 보면, 그 자체로도 충분히 풍요로운 삶을 살 수 있다는 것을 알게 된다. 작은 순간들이 모여 삶을 더욱 풍성하게 만들고, 행복의 씨앗이 되어 자라난다. 그러니 일상의 작은 기쁨을 놓치지 말고, 그 순간을 만끽하며 살아가기를 바란다. 그 속에서 발견하는 행복이 삶을 더욱 밝고 의미 있게 만들어준다. 일상의 사소한 순간이 당신을 웃게 만들고, 그 기쁨이 쌓여 커다란 행복이 된다.

🎼 실천 사항

- ☑ **일상의 사소한 기쁨에 집중해 보자**
  바쁜 하루 속에서도 따뜻한 커피 한 잔, 창문 너머 햇살, 반려동물의 눈빛 같은 작은 순간들을 의식적으로 느껴보자. 일상 속 평범한 순간에서도 충분히 행복할 수 있다.
- ☑ **감사하는 마음을 습관처럼 품어보자**
  감사는 조건이 아니라 태도다. 눈에 띄는 성과보다, 지금 누리고 있는 평범함 속에서 고마움을 찾는 연습을 해보자. 감사하는 마음을 갖고 오늘 하루를 살아간다면, 인생은 훨씬 더 아름답고 만족스럽게 다가올 것이다.

☑ **보는 눈을 기르자**

기쁨은 언제나 곁에 있지만, 알아보는 눈이 없다면 스쳐 지나간다. 당신에게 주어진 순간을 다정하게 바라보는 눈을 길러보자. 중요한 것은 그것을 알아보려는 마음과 시선이다.

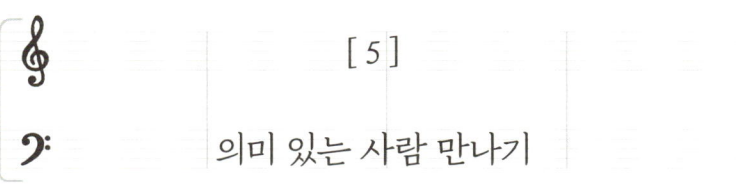

[5]

의미 있는 사람 만나기

부산의 거리. 자취방 골목.
"피아노 소리가 좋은데요.", "혹시! 피아노를 배울 수 있을까요?"
"피아노를 배워 본 적이 없는데 가능한지요?"

평소처럼 강의를 듣고 자취방으로 돌아가던 길이었다. 대학에서 행정학을 전공하며 하루하루를 살아가던 나. 특별할 것 없는 일상이었고, 미래는 불확실했다. 그런데 그날, 예상치 못한 순간이 찾아왔다. 혼자 생각 없이 동네를 걸어가고 있었다. 피아노 소리가 들렸다. 내 의지와는 무관하게 발걸음을 멈췄다. 그 선율이 어딘가 모르게 애틋하고도 따뜻했다. 피곤했던 하루 끝에 우연히 마주한 음악. 마치 무언가에 이끌리듯 그 소리를 따라 문을 열었다. 1층에 자리한 피아노 학원이었다. 안으로 들어갔다. 나이가 조금 들어 보이는 여성이 반갑게 맞아 주었다. 원장인 듯했다.

피아노를 배운 적이 없었다. 피아노와는 전혀 상관없는 삶을 살고 있었다. 그 순간만큼은 이유 없이 피아노를 배우고 싶었다. 아니, 배워야만 할 것 같았다. 그녀는 한동안 바라보더니, 미소를 지으며 말했다. "네, 가능해요."

그날부터 꾸준히 피아노를 배우러 다녔다. 피아노를 배우는 게 무엇보다도 재미있었다. 결국 그녀는 나의 열정과 성실함을 인정했다. 당시 친구와 자취를 하고 있었는데 원장이 한 가지 제안을 했다. 학원 내 다락방이 있는데 거기에서 살아도 좋다는 것이었다. 그 제안을 받아들였다. 이것이 내 음악 인생 첫 시작이 되었다. 다락방은 작았다. 숨 쉴 창문도 없었다. 나무로 된 계단 10개 정도를 올라가야 했다. 간신히 이불 하나 깔 정도의 작은 방이었다. 하지만 세상에서 가장 따뜻한 공간이었다. 피아노 소리가 늘 내 곁에 있었으니까. 아침에 눈을 뜨면 피아노 앞에 앉았다. 밤이 되면 조용한 학원에서 홀로 연습했다. 시간 가는 줄도 몰랐다. 손끝이 아릴 정도로 건반을 두드리던 날도 있었고, 도무지 곡이 손에 익지 않아 좌절하던 날도 있었다. 하지만 매일 피아노를 칠 수 있어서 행복했다. 그러던 어느 날, 학원장이 내 연주를 듣고 있었다. 곡이 끝나자 그녀가 조용히 말했다. "이제 진짜 본인의 소리를 찾은 것 같네요." 그 말이 축복처럼 들렸다.

의미 있는 사람, 그리고 또 다른 나

행정학을 전공하던 대학생에서 피아노를 배우는 학생이 되었다. 그리고 지금은 음악을 가르치는 사람이 되었다. 생각해 보면, 인생이 이렇게 바뀐 건 단순히 피아노 때문만은 아니었다.

나에게 기회를 주었던 사람. 내 가능성을 믿어주었던 사람. 그런 사람들이 있었기에 새로운 길을 걸을 수 있었다. 그리고 이제, 누군가에게 그런 사람이 되고 싶다. 음악을 처음 시작하는 사람에게, 또는 자신의 길을 찾아 헤매는 누군가에게, 의미 있는 사람이 될 수 있을까. 그날 피아노 소리에 이끌려 문을 열었던 나를 맞이해준 그녀처럼.

한 번의 실패에도 불구하고 음악학원을 두 번째로 개원했을 때다. 피아노뿐만 아니라 통기타를 배우고 싶은 욕구가 있었다. 대학생 때 기타를 배워 본 적이 있다. 손가락이 아프다는 이유로 포기했던 기억이 되살아났다. 나중에 친구에게 들은 이야기인데 기타 학원이 어느 날 사라졌다는 것이었다.

근처 기타 학원에 등록해 수업을 듣기로 결심했다. 그러던 중, 음악학원을 운영하는 원장과 함께 배우는 것도 좋겠다는 생각이 들었다. 그녀는 결국 포기했다. 혼자서 1년 정도 개인 지도를 받았다. 어느 날 기타 선생에게 자신이 운영하는 동아리가 있다는 걸 들었다. 그는 그곳에서 함께 활동해 보면 어떻겠냐고 제안했다. 제주시 평생

학습관이다. 6개월 동안 기초교육을 이수해야 했다. 그 과정을 마친 후 동아리 반에 들어갈 수 있었다.

그곳은 통기타를 사랑하는 제주시 성인 남녀들이 함께 모여 소통하고 즐기는 공간이다. 악기를 통해 서로의 마음을 공유했다. 행복한 인생을 살아가는 사람들로 가득 차 있었다. 각자의 경험과 이야기를 나누며 음악의 힘을 다시 한번 느낄 수 있었다. 동아리 모임에서 기타를 배우고 함께 할 수 있다는 것은 의미 있는 일이었다. 기타 동아리는 단순한 학습의 공간이 아니었다. 의미 있는 인연과 경험을 쌓을 수 있는 소중한 만남이 되었다. 아울러 기타 연주를 통해 사람들과 연결되는 소중한 순간들을 경험했다. 이 경험을 바탕으로 사람들에게 음악의 기쁨을 나누고, 함께 성장하는 시간을 오래도록 만들어가고 싶다. 음악을 통해 누군가의 삶에 긍정적인 영향을 미칠 수 있다는 것은 생각만으로도 가슴 벅찬 일이다.

코로나19가 심해지면서 동아리에 참석하지 못했다. 그 이후로 통기타에 대한 그리운 마음이 여전히 남아 있다. 특히 통기타 선생과의 만남은 특별한 의미가 있다. 배우면서 느낀 감정과 경험은 큰 힘이 되었고, 음악의 즐거움과 소중함을 깨닫게 해주었다. 다시 동아리 활동에 참석하게 된다면, 그동안의 그리움을 음악으로 풀고 소중한 만남을 이어가고 싶다. 행복한 순간들을 다시 느낄 날을 기대하며.

'다른 사람에게 의미 있는 사람으로 기억될 수 있을까?'

이 질문은 삶에서 중요한 성찰의 기회가 된다. 만나는 사람 중 한 순간의 만남으로도 깊은 영향을 미치는 이들이 많다. 그들과의 소중한 기억은 때로는 작은 배려나 진심 어린 대화에서 비롯된다.

누군가의 삶에 긍정적인 영향을 주는 사람이 되고 싶다. 기억에 남는 사람이 되기 위해서는, 진정성 있게 다가가고 그들의 이야기에 귀 기울여야 한다. 상대방의 기쁨과 슬픔을 함께 나누는 것이 진정한 의미의 관계를 만드는 첫걸음이다. 의미 있는 사람을 만나기 위해서는 먼저 의미 있는 사람이 되어야 한다.

🎼 실천 사항

- ☑ **우연을 두려워하지 말고 열린 마음으로 다가가자**

  뜻깊은 만남은 예고 없이 찾아오기도 한다. 문을 열 준비가 되어 있다면, 우연도 기회가 된다.

  부산의 자취방 골목에서 들려온 피아노 소리에 이끌려 문을 열었다.

- ☑ **진심을 나누는 사람이 되자**

  누군가의 삶에 긍정적인 영향을 주는 사람은 거창한 존재가 아니다. 진심으로 다가가고, 마음을 나누며 의미 있는 관계를 만들어 간다.

- ☑ **내가 먼저 의미 있는 사람이 되도록 노력하자**

  좋은 사람을 만나고 싶다면, 먼저 그런 사람이 되어야 한다.

  먼저 의미 있는 사람이 되기 위해 노력할 때, 당신 삶에도 자연스럽게 의미 있는 만남이 찾아온다.

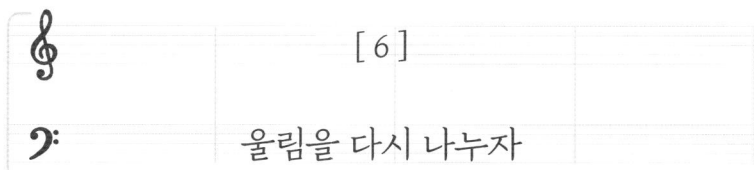

[6]

울림을 다시 나누자

　현대인들은 개인의 성공에 집중하는 경향이 있다. 그러나 진정한 의미의 성공은 나 자신을 넘어 사회에 기여하는 데에서 오는 것임을 알아야 한다. 재능을 활용하여 사회에 환원하는 것은 단순한 의무가 아니다. 보다 많은 이들에게 긍정적인 변화를 만들어 낼 수 있는 기회다. 음악과 교육, 환경 보호 등의 다양한 봉사활동을 통해 어떤 변화를 이끌어왔는지를 이야기해 보려고 한다.

　첫 번째 경험으로,
'엄마가 살아 계셨으면……'
　우쿨렐레 악기 동아리에서 요양원 봉사를 갔다. 설렘과 긴장이 뒤섞인 기분으로 참석했다. 회원들은 우쿨렐레를 들고, 필자는 장구를 메고 공연을 준비했다. 여러 장르의 곡을 선택했다. 그중에는 〈고향의 봄〉 곡도 있었다. 이 곡은 따뜻한 감성을 담고 있다. 요양원 어르신들에게 특히 의미가 깊을 것이라고 생각했다. 공연이 시작되고,

잔잔한 멜로디를 듣고 있는 어르신들의 표정이 부드러워지는 것이 보였다. 그들의 눈빛이 작은 기쁨을 선사하고 있다는 것을 느낄 수 있었다. 공연이 진행될수록, 예기치 않게 몇 년 전 돌아가신 친정엄마 생각이 났다. 엄마와의 옛 추억들이 순간 스쳐 지나갔다. 오카리나를 들고 가서 자주 들려드렸던 기억들과 여러 가지 기억들. 그런 감정이 밀려오자 눈물이 글썽거렸다. 쌓인 감정을 숨기려 했지만, 마음은 이미 엄마와의 기억에 잠겨 있었다. 〈고향의 봄〉은 단순한 노래가 아니었다. 잊지 못할 엄마와의 추억과 그리움을 담고 있었다. 함께한 회원들이 우쿨렐레를 연주하며 같은 감정을 느끼고 있을까 싶었다. 공연하며 서로의 마음을 나누고 있었다. 어르신들의 따뜻한 박수 소리에 다시 마음이 차분해졌다. 우리의 음악에 깊이 감동한 듯했다. 봉사를 통해 마음속의 그리움을 나누었다. 동시에 새로운 감정과 연결됨을 느낄 수 있었다. 이 경험은 나눔을 실천하는 것이 주는 또 다른 행복감을 느끼게 해주었다.

두 번째 경험으로,
"다시 와 주세요!"라고 외치는 아이들.
누군가에게 긍정적인 영향을 주었다는 사실은 삶의 가치를 느끼게 해주었고 살아가는 이유를 깨닫게 했다. 딸아이 초등학교 1학년 때, 반 어머니들끼리 모여서 동화책을 읽어주는 봉사를 1년 동안 했다. 오전 시간에 진행한다는 것이었다. 선뜻 신청했다. 딸 역시 좋아했다. 결혼 전에 국·공립 어린이집에서 5년간 교사로 근무한 경험이 있다. 잘할 수 있을 거라는 자신감이 있었다. 재능을 초등학교 아이들에게 전해주고 싶은 마음이 컸다. 적극적으로 참여했다. 매주 정해진 날에 다른 교실로 가서 진행되었다. 매번 새로운 친구들에게 동화책을 읽고 나누었다. 설레는 동시에 조금 떨렸다. 처음 몇 주 동안은 어색했다. 점차 아이들이 호기심을 보였다. 함께 이야기 나누면서 즐거웠다. 매주 다른 동화책을, 각 이야기의 주제에 맞춰 감정을 담아 읽었다. 목소리를 바꾸고, 상황에 맞는 표정을 지으며 이야기를 전달했다. 아이들은 동화 속 이야기에 빠져들었다. 때때로 질문하기도 했다. 적극적으로 참여하는 모습을 보면서 뿌듯함을 느꼈다. 끝난 후에는 아이들과 이야기 나누며 서로의 생각을 공유하는 시간을 가졌다. 1년이 지나고 봉사활동이 마무리될 무렵, 아이들로부터 "다시 와 주세요"라는 인사를 받았다.

세 번째 경험으로,

몇 년 전에 학원연합회에서 자연정화 활동으로 한림읍 비양도로 갔다. 그날 아침, 여러 학원의 학생들과 강사들이 모였다. 자연을 사랑하는 마음을 가지고 출발했다. 비양도에 도착했을 때, 푸르른 자연과 맑은 공기가 반갑게 맞아 주었다. 사전에 정해진 구역을 나누어 각자 맡은 곳에서 쓰레기를 줍고 청소하기 시작했다. 깨끗한 자연 속에 방치된 쓰레기를 보며 그것이 얼마나 심각한 문제인지를 실감하게 되었다. 해변가와 숲속, 바위틈 사이에 숨겨진 각종 쓰레기들이 환경을 해치고 있다는 사실에 마음이 좋지 않았다. 한편으로는, 청소하면서 동료들과 함께 소통하며 즐거운 분위기를 만들어가는 과정 속에서 행복했다. 더불어 우리가 하는 일이 작은 것 같지만, 환경 보호에 기여하고 있다는 점에서 의미가 컸다. 어느덧 정화 활동이 마무리됐다. 수거한 쓰레기를 정리하고, 그 성과를 공유했다. 상상보다 많은 양의 쓰레기를 치운 것에 놀랐다. 비양도의 아름다운 경치를 다시 보니 좋았다.

　세상에 울림을 전하는 방법은 생각보다 다양하다. 급식 봉사나 기부처럼 누구나 참여할 수 있는 일도 있지만, 자신의 재능과 열정을 살린 나눔은 더 오래, 더 멀리 퍼져나간다. 음악이 있다면 짧은 공연 한 번으로도 마음을 두드릴 수 있고, 글쓰기나 교육에 능하다면 한 줄의 문장, 하나의 설명이 누군가의 삶을 바꿀 수 있다. 당신만의 방식으로 전하는 울림은 서로의 마음에 조용히 내려앉아 잔잔한 감동을 만든다. 무엇보다 중요한 건 시간을 내는 일이다. 일주일 계획을 들여다보면, 의미 없이 흘려보내던 시간이 하나쯤은 보일 것이다. 누워 핸드폰을 바라보는 사이 흘러가는 한 시간, 그 틈을 조금만 내어보자. 작고 소박한 나눔이 하나둘 모여 큰 울림이 된다. 당신의 손끝에서 시작된 진심이 누군가의 마음을 울릴 수 있다는 것을, 그리고 그 울림이 또 다른 나눔으로 이어질 수 있다는 것을 기억하자.

🎼 실천 사항

☑ **지금 가진 것을 작게라도 나눠 보자**

나눔은 거창해야만 의미 있는 것이 아니다. 작은 재능, 짧은 시간도 누군가에겐 큰 울림이 된다.

음악, 동화책 한 권, 쓰레기 봉투 하나가 누군가의 삶에 깊은 울림을 줄 수 있다.

☑ **의미 없이 흐르는 시간을 나눔으로 채워 보자**

바쁜 일상 속에서도 잠깐 멈춰, 그 시간을 나누는 데 써보자. 생각보다 삶이 더 풍요로워진다.

의미 없이 흘러가던 시간을 잠시 멈추고, 그 시간을 나눔에 투자해 보자.

☑ **작더라도 꾸준한 실천을 이어가자**

한 번의 봉사보다 중요한 건 마음을 담은 꾸준한 나눔이다. 그 지속이 세상에 따뜻한 파장을 만든다.

작지만 꾸준한 실천이 모여 세상에 따뜻한 변화를 만들어낸다.

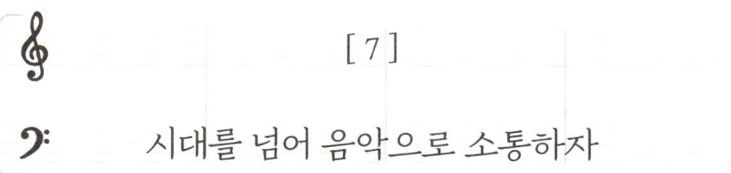

[7]

시대를 넘어 음악으로 소통하자

"음악은 감정과 기억, 언어를 연결하는 뇌의 회로를 동시에 자극하는 강력한 자극이다."
― 대니얼 레비틴(Daniel J. Levitin), 신경과학자

음악은 단순한 소리가 아니다. 리듬과 멜로디, 화성은 감정과 기억을 불러내고, 뇌의 여러 영역을 동시에 활성화시킨다. 실제로 뇌 영상 연구에 따르면 음악을 들을 때 감정을 조절하는 편도체, 보상을 담당하는 중뇌, 운동 기능을 담당하는 소뇌까지 함께 반응한다. 음악은 기억을 깨우고 언어보다 빠르게 정서를 전달한다. 말이 막힌 상황에서도 음악은 사람과 사람을 연결한다. 시대와 세대를 넘어 서로의 마음을 잇는 다리, 그것이 음악이다.

디지털 기술이 발전하고 언어 중심의 소통이 일상이 되면서, 점점 더 감정과 마음을 깊이 나누는 경험에서 멀어지고 있다. 말로는 다

전할 수 없는 감정, 설명할 수 없는 기억들은 점점 표현되지 못한 채 마음속에만 남는다. 이런 시대에 음악의 힘은 오히려 더 중요해지고 있다. 하지만 사람들은 음악을 단순한 배경음, 소모적인 콘텐츠로 소비할 뿐, 그것이 지닌 치유력과 연결의 가능성은 자주 잊는다. 왜 음악이 '소통의 언어'가 된다는 사실을 잊고 사는 걸까?

코로나 직전, 요양원에 강의하러 갔을 때의 일이다. 연주 봉사는 많이 다녔지만, 강의는 처음이었다. 그래서인지 좀 어색하고 긴장됐다. 어르신들은 대부분 조용히 앉아 계시거나 우울해 보였다. 음악을 들려주자 분위기가 한순간에 바뀌었다. 그들의 얼굴에 미소가 번졌다. 눈빛이 살아났다. 한 어르신이 '목포의 눈물'을 부르기 시작했을 때다. 목소리는 약했지만, 그 안에는 오랜 세월의 기억이 담겨 있는 듯했다. 주변의 다른 어르신들도 하나둘 따라 부르기 시작했다. 방 안은 따뜻한 화음으로 가득 찼다. 그 순간, 음악이 단순한 소리가 아니라, 음악으로 소통하고 있음을 깨달았다.

다양한 음악 활동을 진행했다. 함께 노래를 불렀고, 간단한 악기를 이용해 리듬을 맞추기도 했다. 즉흥적으로 곡을 만들어 보기도 했다. 그들 중에는 과거에 음악을 배웠던 경험이 있었던 분도 계셨다. 그 기억을 떠올리며 더욱 활기차게 참여했다. 음악이 어떻게 치유의 힘을 발휘하는지를 직접 체험했다.

특히, 한 어르신과의 경험은 큰 감명을 주었다. 처음엔 말이 없고 우울한 모습으로 참여했다. 필자가 연주한 자작곡 〈바람에 실려온 이름〉을 들으면서 눈물을 흘렸다. 무엇을 느꼈는지 궁금했다. 조심스럽게 물어보았다. 그는 잃어버린 추억이 떠올랐다고 했다. 먼저 떠난 아내 모습. 음악은 오락의 역할도 하지만, 옛 추억과 기억을 되살리는 도구가 될 수 있음을 확인했다. 음악은 시대를 초월하여 감정을 전달하고 사람들을 연결하는 힘이 있다. 요양원에서 활동하며 깨달았다. 음악이 얼마나 깊이 있는 소통의 수단인지를. 음악을 통해 더 많은 이들에게 위로와 기쁨을 전하려 한다. 음악은 시대를 넘어 음악으로 소통하는 수단이 된다.

"나 발레는 안 할래. 음악학원이 좋아."

음악의 힘은 아이들에게서도 발견된다. 학원에 다니는 미형이. 내성적인 성격에 말수도 적었다. 친구가 발레 학원에 다니자 덩달아 다니기 시작했다. 그러나 몇 달 지나지 않아 포기했다. 그녀가 피아노를 통해 무언가를 느끼고 있음을 직감했다. 말로 표현하기 어려운 감정들을 건반을 통해 전하고 있었다. 연습할 때면 조용히 집중했고, 곡을 익힐수록 점점 자신감이 붙는 것이 보였다. 어느 순간부터는 자세에서도 변화가 느껴졌다. 어깨를 움츠리던 모습에서, 점점 자신을 표현하는 법을 배우고 있었다. 어쩌면 그녀에게 피아노는 단순한 악기가 아니다. 자신을 있는 그대로 표현할 수 있는 도구다. 말로 하기 어려운 감정을 음악으로 풀어내는 과정. 그것이야말로 음악이 가진 힘이다. 어떤 곡은 수백 전 만들어졌어도 우리의 마음을 울린다. 그래서 음악은 나이도, 시대도, 국경도 뛰어넘는 특별한 언어다.

음악은 시대를 넘어 누구에게나 통하는 말이다.

한국의 대표적인 민요, 〈아리랑〉은 세월이 흘러도 민족의 정서를 담아낸다. 세계적인 무대에서도 종종 불린다. 2018년 평창 동계올림픽 개막식에서도 전 세계인들에게 소개되었다. 화합과 평화를 상징하는 곡으로 인정받았다. 19세기에 작곡된 〈결혼행진곡〉은 오늘날까지도 결혼식에서 널리 연주된다. 시대와 지역을 초월해 '결혼식' 하면 떠오르는 음악으로 자리 잡았다. 그 멜로디만 들어도 축복의 의미를 느낀다. 또한 1997년 개봉한 영화 타이타닉의 주제곡이 〈My Heart Will Go On〉이다. 국적과 시대를 불문하고 사랑과 감정을 전하는 곡으로 자리 잡았다.

음악은 시간과 공간을 초월해 모두를 연결하는 다리다. 멜로디 속에는 창의성이 숨 쉰다. 감정이 고스란히 담겨 있다. 많은 이들은 힘든 시기에 음악을 통해 위로받는다. 당신도 음악을 통해 타인의 마음을 이해하는 데 한 걸음 다가가길 바란다. 아울러 음악의 힘을 믿고, 그 안에서 치유와 영감을 찾는 여정을 함께할 수 있기를 소망한다. 당신의 삶 속에서 음악은 언제나 따뜻한 친구가 된다. 서로의 감정을 이해하고, 소통하며, 함께 성장하기를 바란다. 음악으로 힘을 보태면서.

🎼 실천 사항

- ☑ **음악으로 감정을 표현해 보자**

    음악은 감정을 숨기지 않아도 되는 안전한 공간이다. 말로 하지 못한 마음을 소리로 전할 수 있다.

    음악은 감정과 기억을 깨우고, 말을 대신해 마음을 전하는 언어다.

- ☑ **작게라도 음악과 함께하는 시간을 만들어 보자**

    한 곡을 듣거나, 짧게 따라 부르는 것만으로도 위로와 치유의 힘이 작동한다. 삶에 음악을 초대해 보자. 음악은 마음의 상처를 치유한다. 내면의 감정을 꺼내어 바라보게 한다.

- ☑ **음악을 통해 세대와 마음을 연결해 보자**

    아이든 어르신이든, 국경과 나이를 넘어 마음은 음악으로 이어진다. 그 따뜻한 다리를 놓아보자. 치매 어르신의 눈빛을 다시 빛나게 했다. 내성적인 아이가 자신을 표현할 수 있도록 이끄는 힘이 됐다.

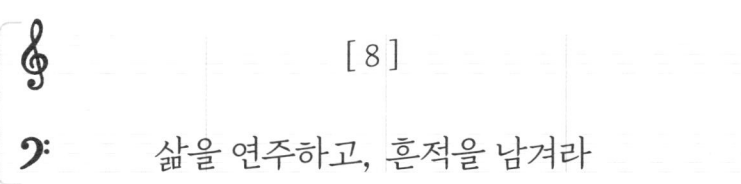

[8]

삶을 연주하고, 흔적을 남겨라

'나는 무엇을 남길까?'

각자 의지와는 상관없이 태어난다. 태어나서 살아가는 동안 누구나 흔적을 남기고 싶어 한다. 동물은 죽어서 가죽을 남기고 사람은 죽어서 이름을 남긴다는 말도 있다. 동물과 사람은 다르다. 동물들은 본능적으로 이 지구에 남기기 위해 번식을 하는 데 집중한다. 사람도 자신의 유전자를 남기기 위해 자식을 낳아 키운다. 사람은 동물과 다르게 '번식' 이외에도 다른 행위로 흔적을 남긴다. 음악을 하는 사람은 음악을 남기고, 그림을 그리는 사람은 그림을 남긴다. 연기를 하는 사람은 영화나 드라마를 남기고, 글을 쓰는 사람은 책을 남긴다. 연구를 하는 사람은 논문을 남긴다.

흔적은 단순히 물리적인 것만이 아니다. 그것은 우리 태도, 가치관, 그리고 타인과의 관계 속에 스며드는 긍정적인 에너지도 포함된다. 이러한 흔적이 세상에 남길 수 있는 가장 소중한 유산이라고 믿는다. 긍정적인 태도, 감사하는 자세, 그리고 정직과 용서, 문학적 유산을 통해 흔적을 어떻게 남길 수 있는지 경험을 통해 이야기해보려 한다.

첫째, 긍정적인 태도: 긍정적인 태도를 가진 사람은 어려운 상황에서도 희망의 빛을 잃지 않는다. 일상의 작은 순간들에서 긍정적인 면을 찾으려고 노력한다. 며칠 전, 같은 동네에 친하게 지냈던 언니를 잠깐 만났다. 20분의 짧은 만남이었다. 그녀는 많은 고민을 털어놓았다. 곧 다시 만나고 싶어 했다. 이유가 무엇일까. 아마도 긍정적으로 그녀의 마음을 수용해주었기 때문 아닐까. 언니와의 대화는 기억을 떠올릴 만큼 따뜻했다. 작은 순간들이 어떻게 큰 행복을 가져올 수 있는지를 다시 한번 깨닫게 해주었다.

둘째, 감사하는 자세: 감사하는 자세는 삶을 더욱 풍요롭게 만들어준다. 매일 아침, 일어난 것에 대한 감사의 마음을 가지며 하루를 시작한다. 가족, 친구들, 그리고 주변 환경이 주는 사랑과 지지를 느낀다. 순간 떠오르는 이들에게도 감사의 마음을 전한다. 감사하는 마음은 긍정적인 유산을 더욱 빛나게 해준다. 그뿐만 아니라 주변 사람들에게도 그 에너지를 나누어주고 있다.

낮에 결혼식장에 갔다. 사장이 "음악학원 원장님 아니세요?"라고 알아본다. 그러면서 기타를 배우러 꼭 한번 찾아뵙고 싶다고 말한다. 아들, 딸을 결혼 시킨 적이 오래됐는데 아직까지 기억하고 인사하는 것이다. 기타 치면서 노래 부르는 게 소원이라며 꼭 한번 학원에 가겠다고 했다. 이 또한 감사하다.

셋째, 용서: 용서는 상대를 위한 것이 아니라 나를 위한 것이다. 심리학 박사 프레드 러스킨은 "용서란 평온한 감정이다. 그런 감정은 자신의 상처를 덜 개인적인 것으로 받아들인다. 자신의 감정에 책임을 지고 그 사건에서 피해자가 아닌 승리자가 되었을 때 생긴다."라고 했다. 나에게 상처 입힌 사람에 대한 원망과 미움으로 마음이 가득 차 있는가? 즐거움과 행복을 느낄 여유가 없고, 더 나은 인생을 살 수 없다. 미래를 위해 한 발짝 나아가려면 진정한 용서를 하자. 상대방을 향한 미움에서 자신을 놓아주어야 한다. 즉, 용서란 자신에게 대한 사랑이라는 것을 명심하자.

넷째, 낙관적인 시각과 웃음: 주변에 보면 항상 웃음이 떠나지 않는 사람이 있다. 그런 사람들 주변에는 늘 사람이 많다. 다른 사람들에게 미소를 전염시키고 누군가를 행복하게 만든다. 웃음의 힘은 생각보다 훨씬 강력하다. 웃음은 서로의 마음을 열고, 그 안에서 긍정의 에너지가 생긴다.

지금은 초등학교. 예전에는 '국민학교'라 불렀다. 별명이 '깔깔이'였다. 담임 선생이 붙여 준 별명이다. 자주 웃어서 그런 별명을 붙여 주었던 걸로 기억한다. 어른이 되어서도 얼굴에 미소를 잃지 않고 살아가고 있다. 돌아보니 주변 사람들에게 좋은 인상으로 남아 있는 나를 발견하게 되었다. 의식적으로도 매 순간 웃음을 잃지 않으려 노력한다. 그런 태도가 주변 사람들에게 긍정적인 분위기를 만들어 주었다.

다섯째, 문학적 유산: 문학적 유산은 개인의 생각과 감정을 세상에 전하는 소중한 기록이다. 피아노 동요곡집 두 권을 공저한 경험이 있다. 1년 6개월이란 과정이 쉽지 않았다. 하지만 직접 편저한 동요곡집으로 학원아이들이 피아노를 치고 노래 부르는 것을 본다. 쉽지 않았던 과정은 까맣게 잊어버리고 말로 표현할 수 없는 기쁨을 느낀다.

'글쓰기'에 관심을 갖게 된 이후, 꾸준히 글을 배우고 써왔다. 그 시작은 단순한 취미가 아니라, 나만의 문학적 흔적을 남기고 싶은 마음에서였다. 음악과 글쓰기는 전혀 다른 세계였다. 어릴 적 글짓기 수상 경력도 없었고, 책을 가까이했던 기억도 드물다. 그런 나에게 글을 쓴다는 건 마치 하늘의 별을 따는 일처럼 막막하고 벅찼다. 심지어 글을 쓰다 눈에 통증이 와서 안과를 세 번이나 찾기도 했다.

책을 쓰는 과정은 큰 도전이다. 삶의 의미를 깊이있게 탐구하게 한다. 또한, 누군가에게 긍정적인 변화를 이끌어 낸다. 그것이야말로 남기고 싶은 문학적 유산이 아닐까? 음악과 글쓰기 두 가지 길을 통해, 흔적을 남기련다. 이 글이 당신에게 작은 도움이 된다면, 그것 또한 삶에 가장 큰 의미가 된다.

유산은 태도와 행동에서 시작된다. 긍정적인 태도, 감사하는 마음, 정직과 용서, 낙관과 웃음, 그리고 문학적 유산이 어우러진 삶을 통해 흔적을 남기려 한다. 삶은 때때로 힘들고 고통스럽다. 그 속에서 작은 기쁨과 의미를 발견하는 것이다. 당신도 어려운 순간에 긍정적인 생각을 잃지 않기 바란다.

🎼 실천 사항

☑ **감정을 솔직하게 표현하자**

기쁘면 웃고, 슬프면 울어도 괜찮다. 감정을 누르기보다는 음악처럼 자연스럽게 흘려보내야 한다.

마음속에 감춰둔 감정은 언젠가 꼭 말을 걸어온다. 그때는 더 아플 수 있다.

☑ **작은 감사의 말 한마디를 아끼지 말자**

'고마워'라는 짧은 말이 누군가의 하루를 환하게 만든다. 특별한 일이 없어도, 곁에 있어 줘서 고맙다는 마음을 자주 표현해 보자.

☑ **당신만의 방식대로 흔적을 남기자**

당신이 남긴 진심은 반드시 누군가의 마음에 닿는다.

완벽하지 않아도 괜찮다. 진심이 담기면 충분하다. 당신만의 색으로 삶을 연주하자.

순간을 즐기며
나답게 살아가라

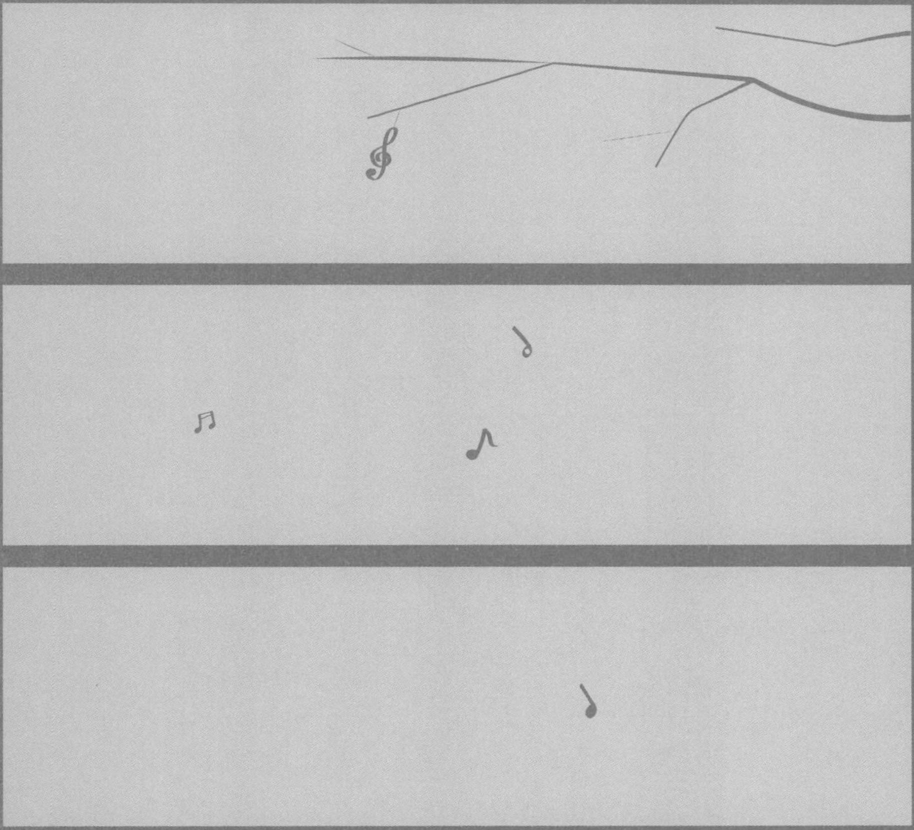

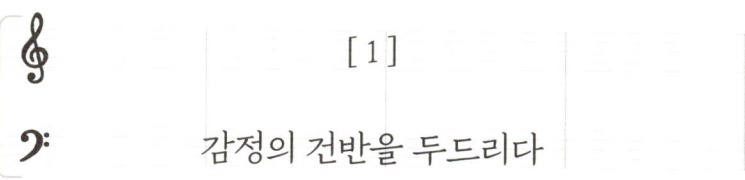

[1]

감정의 건반을 두드리다

감정은 마치 건반을 누를 때마다 다른 음색을 내는 피아노와 같다. 기쁨과 슬픔, 희망과 좌절이 교차하는 순간들 속에서 자신만의 멜로디를 만들어간다. 성찰은 그 멜로디를 더욱 깊이 이해할 수 있는 과정이다. 자신의 경험을 돌아보며, 성취와 실패를 되새기는 것은 성장의 중요한 요소다. 때로는 흔들리고 고민하더라도, 그 과정에서 더욱 단단해지고 나답게 살아가는 법을 배운다. 매일 아침, 모닝 일기를 통해 감정을 기록하고 하루를 새롭게 다짐하는 순간, 당신의 삶을 더욱 의미 있게 구성할 수 있다.

인생의 무대 위에서, 각자의 악보를 써 내려가며 살아간다. 그 안에서 서로의 이야기를 공유하고 공감하는 것은 더 나은 관계를 형성하는 데 중요한 역할을 한다. 성취와 실패를 나누며 함께 성장해가는 과정이야말로, 인생이라는 아름다운 선율을 완성하는 길이 아닐까.

"갈치 드실래요?", "배 타고 잡아왔어요."

줄리아 카메론의 『아티스트 웨이』 책을 읽고, 모닝 일기를 쓰기 시작했다. 처음에는 간단하게 기록했다. 점차 나의 감정과 생각을 깊이 성찰하는 기회가 되었다. 하루의 시작을 정리하면서, 그날의 성취와 실패를 돌아보는 시간이 점점 소중해졌다. 하루를 시작하기 전, 전날의 경험을 되짚어본다. 의미가 있었다. 힘든 순간들도 성찰의 중요한 부분이다. 순간의 그릇된 감정 표현이나 말실수로 인해 직원들의 마음을 다치게 하지는 않았는지 사유할 수 있는 시간이 되기도 했다. 그 감정을 솔직하게 적어 내려가면서 이유를 분석하게 되었다. 왜 그런 일이 발생했는지, 그 상황에서 배운 점은 무엇인지 고민했다. 단순한 후회를 넘어, 미래에 더 나은 선택을 할 수 있는 발판이 되었다.

모닝 일기를 통해 감정을 정리하고, 과거의 경험을 되새김질한다. 자신을 더 깊이 이해하게 된다. 감정의 흐름을 적어 내려가면서 객관적으로 바라볼 수 있다. 이런 반복을 통해 성장과 변화를 느낀다. 모닝일기는 쓰는 행위 이상의 의미가 있다. 결국 일상의 한 부분이 되었다. 하루를 시작하는 강력한 도구로 자리 잡았다. 인간관계가 개선되었다.

학원 차량 운행으로 인해 힘들었던 일이 있었다. 주차 문제가 발생했다. 같은 건물에서 좋지 않은 감정이 오갔다. 5층 건물치고는 주차 공간이 부족하다. 매번 불편했다. 한편으로 '다른 사람과 이런 문제로 감정싸움이라니?'라는 생각이 들면서부터 다른 시각으로 바라보기 시작했다. 학원 운영에도 성공했고, 아들, 딸 시집 장가 다 보냈다. 아무 걱정이 없다. 그런데 왜? 이렇게 사소한 일 때문에 스트레스를 받아야 하는지 생각했다. 모닝 일기에 그런 생각들을 적어 내려갔다. 불편한 진실을 적었고 답을 구했다. 모닝 일기는 누구와도 이야기할 수 없는 내용을 적는 나의 친구이자 마음속 쓰레기를 배출하는 쓰레기통이다. 힘들 때나 기쁠 때 모닝 일기를 쓴다. 그렇게 지낸 지 1년 6개월 지났다. 비로소 깨달았다. '용서하고 이해하자! 그들의 마음을 헤아려보자. 오해를 풀려면 우선 만나야겠다.'고 마음먹었다. 먼저 손을 내밀었던 것이다. 마침내 관계가 풀렸다. 며칠 전에는 제주도 은갈치를 비닐에 담아 가져왔다. 배 타고 나가서 잡아 왔다고 했다. 그들도 풀고 나니 홀가분하다고 말한다. 이제는 마주치면 환하게 서로 웃고 이야기 나누면서 지낸다. 2024년, '뭘 제일 잘했는지 생각해 봐!'라고 묻는다면, 이런 깨달음을 선물한 모닝 일기를 꾸준히 쓴 거라 자신있게 말할 수 있다. 모닝 일기는 나의 친구이자 동반자다.

사람마다 성찰하는 방법이 다르다. 그 성찰이 주는 혜택은 비슷하다. 첫째, 자기 자신에 대한 성찰은 '감정과 욕망을 이해'하는 데 도움을 준다. 종종 감정의 파도에 휩쓸리기 마련이다. 스트레스, 분노, 슬픔 등의 감정이 우리를 지배하는 경우가 많다. 그러나 이러한 감정이 어떤 이유에서 생기고 어떻게 영향을 미치는지 이해하는 것은 중요하다. 자기 자신에 대한 성찰을 통해 감정의 원인과 결과를 생각하고 판단할 수 있다. 이를 통해 자신의 감정에 덜 영향을 받고, 이를 관리하고 조절하는 방법을 찾는 것이다.

둘째, 자기 자신에 대한 성찰은 '가치와 목표를 발견'하는 데 도움을 준다. 종종 다른 사람들의 기대와 사회적 압력 속에서 살아간다. 그 결과 자신의 진정한 욕망과 가치를 잊어버리기 쉽다. 하지만 자기 자신에 대한 성찰을 통해 진실된 가치와 욕망을 마주하게 된다. 이를 기반으로 더욱 의미 있는 삶을 살아갈 수 있다. 가치와 목표에 충실하게 살아갈 때, 더 큰 만족감과 성취감을 느낀다.

셋째, 자기 자신에 대한 성찰은 '강점과 약점을 파악'하는 데 도움을 준다. 각자 다른 강점과 약점을 가지고 있다. 그러나 종종 자신의 약점을 인정하고 받아들이기 어려워한다. 자신의 약점을 보완하고, 강점을 더욱 발전시킬 수 있다. 이는 개인적인 성장과 성공을 이루는 데 큰 도움이 된다.

마지막으로, 자기 자신에 대한 성찰을 통해 '자신의 행동과 태도'에 대해 돌아보자. 다른 사람들과의 관계에서 종종 갈등과 어려움을 겪는다. 이는 종종 서로의 차이점과 이해하지 못하는 부분에서 비롯된다. 성찰은 자신을 돌이켜봄으로써 타인과의 차이를 이해하고 인정하게 해준다. 더 나은 소통을 할 수 있게 도와준다. 나아가 타인의 감정과 욕망을 이해하고 공감할 수 있게 되는 것이다.

성찰의 도구인 모닝 일기를 써보자. 하루의 시작을 계획할 수 있다. 나와의 대화를 통해 긍정의 에너지를 채운다. 모닝 일기를 쓰지 않을 이유가 있을까? 물론 이브닝 일기여도 좋다. 일기는 인생의 동반자이자, 성찰을 그대로 표현하는 도구다.

🎼 실천 사항

☑ **하루 10분, 모닝 일기로 감정을 정리하라**
아침에 일어나 가장 먼저 당신의 마음을 적어보자. 전날 있었던 일 중 유독 마음에 남았던 장면, 누군가의 말 한마디, 기뻤던 순간이나 서운했던 일들까지 적다 보면 마음이 정리된다.

☑ **오늘의 감정 건반 하나를 선택하라**
불안, 기쁨, 후회, 평온 등 감정의 이름을 정하고, 그 감정이 왜 생겼는지를 간단히 써보자. 감정은 억제하는 것이 아니라 알아차리는 것이 중요하다.

☑ **감정 기록을 통해 관계를 성찰하라**
일기나 메모에 오늘 가장 기억에 남는 대화를 적고, 그 안에 숨은 내 감정과 상대의 감정을 유추해 보자. 화났던 이유, 상처받은 이유를 글로 적는 행위는 감정의 객관화를 도와준다.

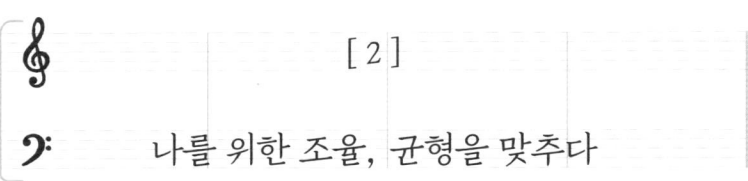

[2]

나를 위한 조율, 균형을 맞추다

알베르트 아인슈타인은 "삶은 자전거를 타는 것과 같다. 균형을 유지하려면 계속 움직여야 한다."라고 말했다. 우리의 삶은 끊임없는 변화 속에서 균형을 맞춰 나가는 과정이다. 때로는 빠르게 움직이고, 때로는 멈춰서 조율하며 스스로를 되돌아보는 시간이 필요하다. 균형은 단순히 유지하는 것이 아니라, 지속적으로 만들어가는 것이며, 이는 삶의 질을 결정하는 중요한 요소가 된다.

그의 말처럼 가만히 있는 것이 아니라, 끊임없이 움직이며 균형을 찾아가는 여정을 살아가고 있다. 이 과정에서 자신을 돌아보고, 몸과 마음을 조율하는 것이 무엇보다 중요하다.

균형을 맞추는 것, 왜 이렇게 어려울까?

삶은 끊임없이 변화한다. 바쁜 일상 속에서 몸과 마음의 균형을 유지하는 것은 결코 쉬운 일이 아니다. 늘 해야 할 일이 쌓이고, 목표를 이루기 위해 앞만 보고 달리다 보면, 어느 순간 건강과 정신적인 여유를 잃어버리기 쉽다. 생각과 감정은 신체적 건강에 큰 영향을 미친다. 긍정적인 마음가짐은 면역력을 높인다. 부정적인 감정은 신체에 다양한 질병을 유발한다. 따라서 몸과 마음을 통합적으로 관리하여 건강한 삶을 유지해야 한다. 이를 위해서는 몸과 마음의 조화를 이루는 것이 중요이다. 자신에게 맞는 운동을 찾아 즐기자. 마음의 소리에 귀 기울이자. 필요한 경우 전문가의 도움을 받는 것도 좋다. 결국, 건강은 단순히 질병이 없는 상태가 아니라, 몸과 마음, 정신이 모두 조화를 이루는 상태임을 잊지 말아야 한다.

 몸은 건강했지만, 마음이 건강하지 않았다. 늘 불만족스러운 삶을 살았다. 뭔가 부족하다고 느꼈다. 삶이 어디로 향하고 있는지 알 수 없었다. 그러다가 변화가 찾아왔다. 몸, 마음, 그리고 정신이 서로 연결되어 있다는 사실을 깨닫고 나서였다. 아무리 몸이 건강해도 마음이 병들면 삶이 무겁고, 마음이 가벼워도 몸이 지치면 앞으로 나아갈 힘을 잃는다는 걸 알게 되었다. 자신을 돌보기 시작했다. 일상에서 작은 행복을 찾았다. 나를 비난하는 대신 따뜻한 말을 건네는 연습을 했다. 그 과정에서 비로소 삶이 완성되지 않았다는 사실을 알았다.

 처음 운동을 시작했을 때, 주 1회 가볍게 운동했다. 점차 규칙적인 운동의 필요성을 느꼈다. 주 3~4회, 유산소 운동과 근력 운동을 병행했다. 이러한 운동 루틴 덕분에 체력이 많이 향상되었고, 일상생활에서도 활력이 넘친다. 아침마다 한라수목원에 가는 걸 즐겨왔다. 초록색의 나무들과 싱그러운 풀잎을 보면서 걸을 때 머리가 맑아지고 마음이 한결 가벼워졌다. 특히 숲길을 걸으며 새소리와 나무들 사이로 들려오는 바람 소리에 귀 기울이다 보면 복잡했던 생각들이 정리된다. 그렇게 산책을 하고 나면 하루가 즐겁고 가볍다. 균형 잡힌 삶은 하나의 정교한 연주와 같다. 몸과 마음을 건강하게 유지하려면, 각 요소들을 잘 조율해야 한다.

아침 식사는 하루를 여는 첫 번째 음표다. 단백질이 풍부한 식사는 하루의 에너지를 높여주고, 정신을 맑게 해준다. 귀리 단백질 쉐이크와 두유는 몸을 건강하게 유지하는 데 꼭 필요한 나만의 루틴이다. 그러나 가끔 불규칙한 식사로 몸이 무거워질 때도 있다. 그럴수록 균형을 잡기 위해 더욱 신경 써야 한다.

충분한 수면은 몸과 마음을 정돈하는 조율의 과정이다. 과거에는 욕심 때문에 잠을 줄이며 바쁘게 살았지만, 컨디션 악화로 인해 수면의 중요성을 깨닫게 되었다. 지금은 하루 7시간의 충분한 수면을 유지하며, 아침마다 더 상쾌한 기분으로 하루를 맞이한다. 때로는 휴일에 1시간 낮잠을 자며 몸을 재충전하기도 한다.

일상의 리듬을 맞춘다. 균형 있는 식사와 충분한 수면은 집중력을 높여주고, 일상을 더욱 즐겁게 만들어 준다. 몸과 마음을 건강하게 유지하는 작은 습관들이 모여 삶의 아름다운 선율을 완성한다. 이 조율을 통해 더욱 나답게 살아간다.

일기를 쓰는 것도 도움이 된다. 하루 동안의 감사함을 느끼면서 마음을 정리하는 데 유익하다. 좋았던 일이나 힘들었던 순간들을 기록한다. 감정이 좀 더 명확하게 이해되고 스트레스 해소에도 도움이 된다. 때로는 감정을 글로 표현하면서 카타르시스(catharsis)를 느낀다.

친구나 가족과의 소통도 매우 중요하다. 힘든 날에는 가까운 사람들과 이야기 나누며 정서적인 지지를 받곤 한다. 소소한 대화 속에서 큰 위로를 얻는다. 서로의 고민을 나누면서 더 깊은 유대감을 형성할 수 있다. 건강한 소통을 위해서는 서로를 존중하고 경청하는 태도가 필요하며, 솔직하게 감정을 표현하는 것도 중요하다.

몸과 마음과 정신을 관리하는 법을 정리해 보자면, 먼저 몸을 관리해야 한다. 쉬운 예로, 의자에 앉았다가도 중간중간 스트레칭을 하는 게 좋다. 오전은 글쓰기를 하느라 의자에 앉아 있는 시간이 많다. 의자와 한 몸인 것처럼 보인다. 하지만, 1시간 간격으로 휴식을 취한다. 가령 일어나서 춤을 추거나, 물을 마신다. 아니면 거실을 걸어서 왔다 갔다를 반복한다. 때론, "운동할 시간 없어."라는 말 대신, "의자야, 오늘은 너랑 안 놀아."라고 선언해보자. 몸은 금세 더 가벼워질 것이다. 둘째, 마음 관리도 신체적 건강관리만큼이나 중요하다. 매일 자기 전에 마음을 살짝 들여다보자. 오늘 기뻤던 일과 감사함을 느꼈던 일 하나씩 생각해보는 것을 추천한다. 좋지 않았던 일은 '언젠가 다 지나갈 일'이라는 생각으로 훌훌 털어버리면 곧 마음이 편안해질 것이다. 계속 걱정한다고 해서 결과가 달라지지 않는 일이라면 가볍게 떨쳐버리는 게 마음건강에 좋다. 종종 '내 마음엔 이미 꽃밭으로 가득해!'라고 생각하는 것도 중요하다. 단 5분이라도 좋다. 아침이든, 저녁이든 잠자리에서 마음에게 말을 걸자. 셋째, 정신 관리도 중요하다. 몸과 마음을 너무 혹사당하게 하지 말자. 가끔은 "휴가 주세요!"라고 외쳐보자. 음악에도 음표와 쉼표가 있듯, 우리의 일상도 가끔은 쉼이 필요하다. 책을 읽거나 새로운 지식을 쌓는 것도 좋은 방법이다.

  몸이 건강해야 마음도 건강하다. 역으로 마음이 건강해야 몸도 건강하다. 그러므로 몸과 마음은 서로 연결되어 있다. 진정한 몸은 맑은 마음을 만들고, 안정된 마음은 강한 정신을 키워준다. 나를 돌보는 시간을 일상에 꼭 채워 넣어 주자. 충분한 휴식, 균형 잡힌 식사, 긍정적인 생각과 함께 자신을 사랑하는 마음가짐이 가장 중요하다. 몸과 마음은 하나다. 늘 건강한 삶을 살기 바란다.

🎼 실천 사항

☑ **자연 속을 걷는 시간 만들기**

자연 속을 걷고, 마음을 들여다보자.
하루에 20~30분 정도는 나무나 하늘을 볼 수 있는 길을 걷는다. 걷는 동안 마음이 정리되고 감정이 차분해진다. 조용한 걸음 속에서 몸과 마음이 동시에 가벼워진다.

☑ **하루 한 끼, 정성스럽게 먹기**

식사, 수면, 휴식, 감정 관리까지 모두가 조화롭게 이어져야 진정한 건강을 누릴 수 있다.

꼭 세 끼가 아니어도 좋다. 하루 한 끼는 당신을 위한 따뜻한 밥상을 차리자. 재료를 씻고, 천천히 씹으며 먹는 시간이 곧 몸과 마음의 조율이 된다.

☑ **스스로에게 다정한 말 건네기**

자신을 위로하는 시간을 갖는 것. 잠들기 전 거울을 보며 오늘 하루를 잘 버텨낸 당신에게 말해보자. 오늘도 애썼어. 그 말 한마디가 마음을 풀어주고, 깊고 따뜻한 쉼을 가능하게 해준다.

[3] 느려도 괜찮아, 나답게 연주하자

"꿈을 향해 나아가는 길에서 어떤 어려움을 겪어보았나?"
"인생이 항상 즐겁고 행복하기만 한가?"
"혹시 포기하고 싶은 순간이 있었던 적이 있는가?"

인생은 마치 긴 여정과도 같다. 때로는 평탄한 길을 걷기도 하지만, 거친 산길을 헤쳐 나가야 할 때도 있다. 삶이란 한 편의 드라마다. 기쁨과 슬픔, 성공과 실패가 교차하며 드라마틱한 장면들이 연출된다.

B라는 수강생이 학원에 왔다. 하모니카를 배울 수 있냐고 물었다. 가능하다고 했다. 2달 정도 하모니카를 배웠다. 박자감이 없었다. 그동안 음악을 배울 기회가 없었다고 했다. 가르치는 게 힘든 어르신이었다. 그런데 장구까지 배우겠다고 했다. 박자가 되지 않으니 시간 낭비라고 생각했다. 그래도 배우겠다는 의지가 대단했다. 퇴직해서 취미활동을 하려고 이것저것 배우고 싶다고 했다. 리듬감이 없

어서 악기를 배운다는 건 무리라고 생각했다. 장구를 배울 때도 박자가 맞질 않았다. 혼자 연습을 많이 했던 걸로 기억한다. 1년을 그렇게 보냈다. 그러다가 댄스며 체조를 배우기 시작했다. 아침부터 노인복지회관 또는 댄스 가르치는 곳을 찾아다녔다. 하루 24시간 중 댄스를 하는 시간이 더 많았다. 열정을 가지고 배웠다. 지난해 9월 11일, 제주도 노인 댄스 및 체조대회가 있었다. 그는 노인복지회관 반장으로 27명을 이끌었다. 지도 강사가 있었다. 하지만 반장의 열정은 지도 강사를 뛰어넘었다. 매일 가서 회원들을 연습시켰다. 안무까지 맡아서 했다. 목표도 설정했다. 연습 과정이 힘들었다고 했다. 참여자들 평균연령이 70세가 넘었다. 동작 중 '엎드려서 다리 올리기', '엎드려 받혀서 일어서기' 등을 했다. 노인들에게 쉽지만은 않은 동작이었다. 혼자 하는 것도 무리다. 하물며 27명이 같은 동작을 맞춰서 한다는 게 상상이 되질 않았다. 땀을 뻘뻘 흘렸지만, 기합 소리내는 게 가장 힘들었다고 했다.

드디어 댄스 대회가 다가왔다. 그의 목소리는 크고 우렁찼다. 그 덕분인지 제주도 노인 대표 선수로 선서까지 맡아서 했다. 댄스 경연 대회가 시작됐다. 음악에 맞춰 한 명 한 명 최선을 다했다. 대회가 끝나고 등수 발표 시간. 두구두구. 사회자의 멘트는 더욱 긴장하게 했다. 결과는 그의 팀이 1등이다. 팀을 1등으로 이끌면서 제주 대표로 육지 대회에 참석하는 기회를 얻었다. 그 나이에 이렇게 도전하다니. 지켜보면서 많은 반성과 깨달음이 있었다. 얼마나 많은 노력을 했을까? 리듬, 박자감이 없는 어르신이다. 안될 것 같은 조건이었다. 이런 성과를 낸 건, 긍정적인 자신감과 포기하지 않는 노력이었다. 그런 자신감과 끈기야말로 대단하다.

영감을 얻는 방법은 다양하다.
첫째, 삶은 끊임없이 배우는 과정임을 잊지 말아야 한다. 한 번의 실패에도 다시 일어섰다. 노력 끝은 성공이었다. 변화와 성장에 마음을 열고 자신만의 속도로 나아가면 된다. 원하는 모습으로 살아가길 바란다면, 용기를 내서 도전하기를 바란다. 둘째, 자신의 목소리를 발견하는 거다. 글쓰기를 예로 들어 보겠다. 글을 쓴다는 게 단어를 나열하는 행위만을 의미하진 않는다. 그것은 세상에 나만의 고유한 시각을 드러내는 도구다. 중요한 건 자신만의 목소리와 관점을 찾는 것이다. 사회가 제시하는 기준에 얽매이지 말자. 자신의 생각과 감정을 글이나 다른 언어로 표현해 보면 좋겠다. 당신의 목소리는 누군가의 삶에 깊은 울림이 된다. 셋째, 꾸준함을 유지하고 열정을 믿어야 한다. 20년이 넘게 음악학원을 운영하며 수많은 아이들과 부모들을 만났다. 그 시간 동안 음악은 단순히 악기를 연주하는 기술을 넘어, 아이들의 정서적 삶에 뿌리를 내리는 강력한 힘이라는 것을 알게 되었다. 마음이 힘들 때, 피아노 건반 하나를 누르며 흘리는 눈물조차 음악이라는 언어로 치유될 수 있다는 걸 경험했다. 그래서 음악학원은 단순히 '배우는 곳'이 아니라, 아이들이 마음속 작은 위로를 발견하는 마음정원 같은 공간이라고 믿고 있다.

요즘은 5년 후의 삶을 그리며 매일 글을 쓰는 중이다. 물론 대작가를 꿈꾸며 글을 쓰는 건 아니다. 쓰다 보면 "이게 무슨 문장이야."라며 스스로 비웃을 때도 많고, 키보드를 두드리다 멍하니 천장만 쳐다보는 날도 있다. 그래도 조금씩 쓰인 문장들이 차츰 쌓여 하나의 이야기가 만들어지는 과정은 마치 퍼즐을 맞추는 것처럼 짜릿하다. 문장 하나하나 모여 한 권의 책이 되고, 이 책이 누군가의 삶에 작은 변화를 불러올 수 있기를 바란다. 책을 읽고 "오, 이 사람도 이런 고민을 했구나."라며 웃을 수 있는 순간이 누군가에게 찾아온다면, 그걸로 충분히 행복하다.

물론 이런 여정은 가끔 외롭다. 혼자 글을 쓰다 보면 "내가 왜 이 고생을 하고 있지."라는 생각이 들기도 한다. 그러나 그럴 때마다 꾸준함의 힘을 떠올린다. 달리기 마라톤처럼, 한 발 한 발 나아가다 보면 언젠가 결승선을 밟을 수 있을 거라는 믿음이다. 어쩌면 가장 강력한 도구는 대단한 재능이나 번뜩이는 아이디어가 아니라, 단순히 오늘을 묵묵히 버티고 내일로 이어가는 꾸준함이다. 그러니 잠이 부족해도, 커피를 다섯 잔 마셔야 버틸 수 있어도, 이 여정은 헛되지 않으리라 믿는다.

결론적으로, 이 글이 당신에게 영감이 되길 바란다. 완벽하지 않아도 매일 꾸준히 할 뿐이다. 질보다는 양이 우선이라는 걸 믿으며.

🎼 **실천 사항**

- ☑ **오늘의 리듬에 맞춰 천천히 나아가기**
  삶은 정해진 박자가 없는 악보다. 하루하루 다르게 흘러가는 감정과 속도를 인정하자. 느린 날은 그대로 둬도 괜찮다. 중요한 건 멈추지 않고 당신의 박자로 걸어가는 것. 당신만의 리듬을 존중하자.

- ☑ **남과 비교하지 말고 당신만의 연주 계속하기**
  옆 사람의 박자에 휘둘리지 말자. 누구나 자신의 속도가 있다.

- ☑ **매일 작은 시도를 이어가기**
  큰 목표가 아니어도 좋다. 하루 3줄 글쓰기 연습, 산책이라도 꾸준히 해보자. 작은 실천은 결국 인생이라는 음악의 멋진 한 소절이 되어 돌아온다. 비교는 불협화음만 만든다, 당신답게 나아가자.

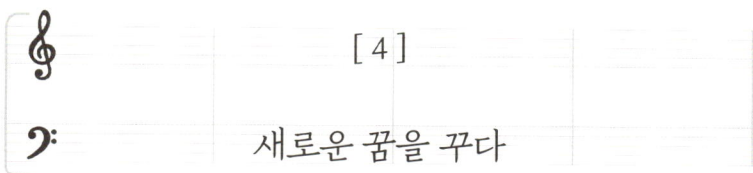

[4]
새로운 꿈을 꾸다

"어떤 삶을 살고 싶으세요?"
"글 쓰는 삶요!"

친정엄마가 살아계실 때 항상 하셨던 말이 생각난다. 꿈을 가지고 살라고. 이제 나이가 들어보니 그 이유를 알겠다. 내게 '꿈'이란 그저 밤마다 찾아오는 환상에 불과했다. 뚜렷한 형체도, 똑같은 이야기도 없이 떠오르고 사라지는 막연한 그림자 같았다. 어떻게 살아야 좋을지, 무엇을 하는 게 좋을지. 생각하고 고민했다.

종일 노트북 키보드를 두드리면서 시간 가는 줄 몰랐다. 그런 나를 보며 5년 후 모습을 생각했다. 글을 쓰기로 마음먹은 후, 모든 게 글감으로 보인다. 행복하다. 왜 이제야 알았을까? 아니 지금이라도 알았다는 게 다행이다.

독서 모임을 함께하는 친구에게서 전화가 왔다. 책을 쓰고 싶은 마음이 있냐고 물었다. 단호하게 거절했다. 학원 블로그 외에는 글을 써 본 적이 없었다. '내가 무슨 책을 쓰냐?'고 스스로에게 반문했다. 책 쓰기를 한다는 건 먼 나라 이야기처럼 생각했다. 책을 쓴다는 건 특별한 사람들만 하는 일이라고 생각했다. 나와는 상관없는 일처럼 느껴졌고, 어디서부터 시작해야 할지도 막막했다. 그런데 수업을 들으면서 생각이 조금씩 바뀌기 시작했다. 처음엔 그냥 흘려듣던 말들이 이야기처럼 들리기 시작했다. 지금 생각하면 참 잘한 결정이었다. 뭔가 막혀 있던 게 조금씩 움직이기 시작했다.

지난 월요일. 바이올린 동아리와 학원연합회 원장 세미나가 같은 시간에 있었다. 몸이 하나인지라 두 가지 모두 참석하지는 못한다. 연합회 세미나에 참석했다. 바이올린 수업을 포기했다. 학원 운영에 열정이 많다. 그래서 끌렸나 보다. 강사가 어떻게 이야기를 풀어가는지도 궁금했다.

드디어 9시 30분, 강의가 시작되었다. 그녀가 앞으로 5년 후의 삶을 생각해 본 적이 있냐고 질문했다. 기다리기라도 한 듯 "네!"라고 대답했다. 순간 마음이 '뻥' 뚫렸다. 예전 모습이 아니었다. 세미나를 들을 때 강사와 눈이 마주치면 눈을 피했던 적이 많았다. 질문을 할까 봐 그런 거다. 이렇게 당당하게 꿈에 대해 자신 있게 이야기하다니. 그간 공부했던 게 헛되지 않았다는 걸 느끼는 '찰나의 순간'이었다.

음악인으로의 삶이 누구보다 행복하다. 아이들과 함께 지내다 보면 나 또한 동심으로 돌아간다. 같이 웃고 울고 한다. 앞만 보고 달려왔다. 이제 5년 후면 은퇴를 하는 게 맞다. 뒤도 돌아보는 여유가 생겼다. 지난 삶들에 대해 성찰도 한다. 살아왔던 경험들을 글로 표현하고 싶다.

나이가 들면 뭐든 결정하기가 쉽지 않은 것도 사실이다. '이러다 잘못되면 어떡하지?' 하는 만큼 성과가 나오지 않으면 실망할지도 모른다. '그게 어디 쉽겠어? 에이, 안될 거야!' 하지만 꾸준히 하다 보면 될 거라 믿는다. 2024년 8월에 도전했다. 시작할 때만 해도 안 된다고 고민했다. '이걸 해서 뭐가 되겠나?'라는 생각이었다. 걱정 반 기대 반으로 시작했다. 설령 어떤 것을 시작하고 결과가 기대에 못 미치더라도 무엇인가 얻는 것은 반드시 있으니까.

이게 꿈인가. 생시인가. 전자책 3권과 공저 2권을 집필했다. 꿈만 같았다. 종이책이 마무리되면 나에게 외국 여행이라는 보상을 해줄 거다. 출판기념으로 작은 음악회도 할 계획이다.

시작은 늘 두렵다. 당연한 일이다. 나의 꿈을 적었다. 떨리는 목소리로 그 꿈을 말했다.

'24년 작가가 된다.'

'강연을 하고, 인터뷰도 한다.'

'나는 작가다.' 새로운 꿈을 적고. 이 문장을 좋아하게 됐다.

매일 아침 알람을 들으며 하루를 시작한다. 꿈은 꾸어야 이룰 수 있고, 포기하지 않는 한 반드시 이루어진다. 자신만의 속도로 하면 된다. '진짜인 척해라. 진짜가 될 때까지'

오스틴 클레온의 『훔쳐라, 아티스트처럼』에서 저자가 말한다. '그 사람인 척해라. 진짜 '그 사람'이 될 때까지.' 당신이 되고 싶어 했던 '그 사람'이 이미 된 것처럼 행동하라. 정말 성공해서 세상 사람들이 모두 당신을 진짜 '그 사람'으로 봐줄 때까지. 뭔가 대단한 것을 만들어내는 척해라. 진짜로 뭔가 대단한 것을 만들어 낼 때까지. 현재 직업이 아니라 원하는 직업에 어울리는 옷을 입고, 앞으로 하길 원하는 일들을 시작해라. 시작할 땐 가짜일지언정 마지막엔 진짜가 돼라.'

작가가 될 때까지 작가인 척 했다. 처음 꿈을 적을 때부터 이미 작가다. 새로운 꿈을 꾸고 그 꿈을 향해 도전하자. 인생 2막의 시작을 응원하면서.

🎼 실천 사항

☑ **작가처럼 행동해 보기**

하고 싶은 일이 있다면, 그걸 진짜처럼 연기해 보자.
아직 작가가 아니어도 괜찮다. 오늘부터 작가처럼 말하고, 작가처럼 살아보자. 글감이 보이면 메모하고, 생각을 문장으로 옮겨보자. 행동이 정체성을 만든다.

☑ **하루 한 줄이라도 써보기**

꾸준히 한 줄씩 써 내려가다 보면… 글 한 편을 완성하겠다는 부담은 내려놓고, 하루 한 줄이라도 써보자. 글은 쓰는 사람의 것이고, 쓴 만큼 나아진다. 쓰다 보면 어느 순간 흐름이 생긴다.

☑ **두려워도 일단 시작하기**

두려움은 새로운 일의 시작을 알리는 자연스러운 감정이다. 완벽한 준비는 필요 없다. 오늘, 첫 문장 하나라도 써보자. 그 한 걸음이 진짜를 만든다.

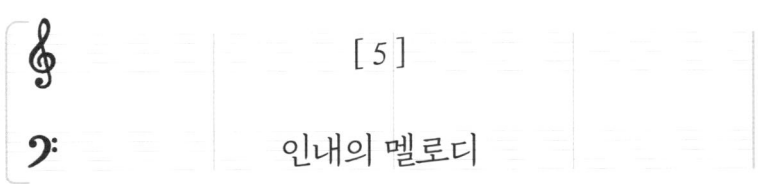

[5]
인내의 멜로디

인생에서 크고 작은 도전을 맞이한다. 그때마다 중요한 것은 성과가 아니다. 도전 앞에서 얼마나 오래 버티고 꾸준히 나아가는지에 달려 있다. 인내는 마치 강철같다. 시간이 지날수록 더 단단해지고 당신을 한층 성장하게 만든다. 인내는 단순히 고통을 참아내는 능력이 아니다. 자신뿐만 아니라 타인의 어려움을 이해하고 그 고통을 함께 나누는 과정에서 위로가 된다. 인내 즉, 어려움에 직면했을 때 끈기 있게 버티는 행위다. 성공을 달성하는 데 있어 중요하다. 개인적인 목표든, 직업적인 목표든. 인내심을 가진 사람은 장애물을 극복하고 목표를 달성할 가능성이 높다.

'음악과 글. 둘 다 예술 분야라 잘 어울리지 않을까?'라며 단순하게 생각했다. 책 쓰기 위해 공부를 시작했다. 글쓰기는 또 다른 도전이다. 생각보다 쉽지 않다. 인내란 무엇인가에 대해 고민해봤다. 괴로움과 어려움을 참고 견디는 것이다. 단순히 기술이 필요 없다고 생각했다. 그런데 막상 첫 문장을 쓰는데도 머릿속은 하얗다. 문득 깨달았다. 아, 이런 게 인내구나. 시간이 갈수록 인내는 점점 더 다른 모습으로 나를 시험했다. 1시간이 넘도록 한 문장을 고치고, 다시 고치고, 또 고치고……. 그런데도 마음에 들지 않았다. 순간, 마음속에 질문이 떠올랐다. '너 지금 뭐 하는 거야? 때려치울까?' 인내는 단순히 참는 게 아니다. 자신과의 숨바꼭질 같은 거다.

'인내는 쓰다. 그 열매는 달다.'
 첫 번째 학원을 열었을 때. 1년, 2년, 3년 끝. 그야말로 실패였다. 음악학원을 한 게 아니라 음악학원을 당했다고 생각했다. 스스로 낙담했다. 학원 문을 닫아야만 했다. 묘하게도 그 실패가 끝이 아니었다. 어딘가에 가능성이 있었다. '이대로 접기엔 좀 억울한데?'라는 생각이 다시 움직이게 했다.
 두 번째 학원 운영. 더 전략적으로 시작했다. 학원 분위기를 따뜻하게 하고 친근하게 만들어갔다. 그리고 한 달에 한 번 학부모에게 평가표를 보냈다. 2년마다 정기 연주회를 열었다. 그렇게 20년이 흘러 이제는 학원이 자리 잡았다. 성과는 '확장 이전'.

 가끔 첫 번째 학원을 떠올리며 웃어본다. 만약 그때 처음부터 너무 잘됐더라면 지금처럼 모든 과정을 배울 기회도 없었을 거다. 무엇보다 실패를 견디는 힘이 없었다면 두 번째 성공도 없었을 거라는 걸 깨달았다. 인내는 실패를 넘어 새로운 가능성을 여는 문이다. 실패를 두려워하지 말고 배움의 기회로 삼아야 한다.

인내는 삶에서 중요한 덕목 중 하나다. 단순히 기다리는 능력이 아니다. 어려움 속에서도 자신의 목표를 꾸준히 해 나가는 게 중요하다. 인생은 예기치 못한 어려움과 좌절로 가득 차 있다. 인내가 있다면 그것들을 극복하며 성장할 수 있다. 단순히 실패를 견디는 것이 아니라, 실패를 통해 배우고 성장하게 해준다. 모든 성공은 인내를 기반으로 이루어지니까.

생활 속에서 인내심을 기르는 방법을 정리해 보았다. 첫째, 작은 목표를 설정하고 달성한다. 하루에 30분 책을 읽는다거나, 매일 간단한 운동하기 등. 작고 실현 가능한 목표를 세워보자. 이렇게 작은 목표를 이루는 경험은 성취감을 준다. 더 큰 도전에 직면했을 때 꾸준히 노력할 수 있는 힘을 준다. 둘째, 감정을 다스리는 연습을 한다. 즉각적인 감정에 휘둘리지 않고 차분히 상황을 바라보는 연습이 필요하다. 예를 들어 누군가 화를 돋우는 말을 했을 때 곧바로 반응하기보다 잠시 숨을 고르고 상황을 객관적으로 생각해 보는 것이다. 기분 좋을 때, 나쁠 때, 한발 물러서서 객관적으로 생각하는 것도 방법이다. 이런 작은 연습은 시간이 지날수록 큰 인내심으로 이어진다. 셋째, 지속성을 요구하는 활동에 도전한다. 장기적으로 지속할 수 있는 활동을 찾아보는 것도 좋다. 예를 들어 악기를 배우거나, 운동을 꾸준히 하는 것이다. 이런 활동들은 단기간에 결과를 볼 수 없다. 스스로를 끊임없이 격려하며 꾸준히 노력해야 한다.

　악기를 배울 때 이렇게 인내해 보자. 먼저, 작은 목표를 설정한다. 작은 목표를 세우고 이를 달성하는 과정을 통해 성취감을 느낄 수 있다. 예를 들어 하루에 30분씩 악기를 연습하거나, 특정 곡의 한 부분을 완성하는 것이다. 구체적이고 작은 목표를 설정한다. 꾸준히 연습하는 습관을 기를 수 있다. 둘째, 긍정적인 생각을 유지한다. 처음부터 잘하지 못해도 괜찮다는 긍정적인 마음가짐을 갖는 것이다. 악기를 배우는 과정은 시간이 걸리고, 실수를 통해 배우는 것이 자연스럽다. 자신의 발전을 칭찬하고, 작은 성과에도 기뻐하는 긍정적인 태도를 유지하면 인내심을 기르는 데 도움이 된다. 셋째, 규칙적인 연습 시간을 확보한다. 규칙적으로 연습하는 시간을 정하고 이를 지키는 것이 중요하다. 일정한 시간에 꾸준히 연습하면 점차 익숙해지고, 연습의 질도 높아진다. 학원에서 가르치기만 하고 연주할 기회가 없다 보니 실력이 도태됨을 실감했다. 해결책으로 강사들에게 한 가지 제안을 했다. 3개월마다 1곡을 연습하기로. 암보로 연주하는 날은 분기별 마지막 금요일로 정했다. 강사들과 약속을 핑계로 하루 30분은 피아노 연습을 하고 있다. 무엇이든 꾸준함이 중요하니까.

　운동할 때도 마찬가지로 인내가 중요하다. 그 방법으로는 먼저, 목표를 세분화한다. 큰 목표보다는 작은 단계별 목표를 설정한다. 예를 들어 '한 달에 5kg 감량'보다는 '이번 주에는 3번 운동하기'처럼. 구체적이고 작은 목표를 세우면 지치지 않고 꾸준히 할 수 있다. 다음은 자기 대화를 활용하는 거다. 운동 중 힘들 때가 있다. 긍정적인 말을 건네보자. "나는 할 수 있어.", "조금만 더 하면 돼!" 같은 격려의 말이다. 인내심을 유지하는 데 도움이 된다. 마지막으로 루틴화하고 즐긴다. 운동을 일상의 일부로 만드는 거다. 다양한 운동 방법을 시도해보는 것도 하나의 방법이다. 음악을 들으며 해도 좋다. 친구와 함께하면 즐거움을 더할 수 있다. 어떤 방법을 시도하든 꾸준히 하는 게 가장 중요하다.

  인내심은 하루아침에 길러지지 않는다. 작은 실천과 꾸준한 연습이 필요하다. 누구나 인내심을 가질 수 있다. 인내는 삶의 도전을 이겨내는 강력한 무기이자, 자신을 성장시키는 원동력이다. 그러니 작은 목표를 설정하고 한 걸음씩 나아가자. 당신의 삶은 더 단단해질 테니까.

🎼 실천 사항

☑ **실패 앞에서도 다시 시작하기**
    실패와 좌절은 누구에게나 찾아온다. 그것을 딛고 다시 시작하는 사람만이 결국 성장을 이룬다.

실패했다고 멈추지 말자. 잠시 쉬어갈 수는 있다. 다시 일어서는 것이 진짜 인내다.

☑ **작고 반복되는 실천을 쌓기**

꾸준함에서 인내는 자란다. 하루 10분이라도 같은 시간에 같은 일을 해보자. 작고 단순한 루틴이 결국 큰 인내심으로 이어진다. 인내는 참는 것이 아니라, 꾸준히 반복하는 습관이다.

☑ **멈추지 않는 마음 다지기**

조금 느려도 괜찮다. 조급함보다는 지속하는 마음이 더 멀리 간다. 그 마음을 지키기 위해 스스로를 다독이고 응원하는 말을 매일 한 줄씩 써보자.

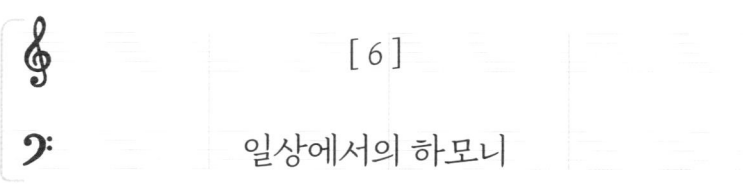

[6]
일상에서의 하모니

우리는 흔히 행복을 놓치곤 한다. 매일 반복되는 평범한 날들이지만, 조금만 시선을 바꾸면 곳곳에 숨겨진 기쁨을 발견할 수 있다. 기쁨은 멀리 있는 것이 아니다. 가까이에 있다.

"오늘 하루가 무료하게 느껴지는가?"
매일 똑같은 일상에 지쳐 활력을 잃어버린 것 같다면, 지금부터 일상 속 작은 기쁨을 찾아보는 시간을 가져 보자. 기쁨은 과연 어디에서 오는 걸까. 멀리 있는 것일까. 생각해본다. 너무 큰 기쁨만을 좇다가 작은 기쁨을 놓치고 있는 건 아닐지.

프랑스 작가 앙드레 지드는 '행복은 목적지가 아니라 여정 속에 있다.'라고 했다. 흔히 우리는 행복이라는 목표를 향해 달려간다. 사실 행복은 매 순간 느낄 수 있다. 소월 시인은 '풀잎에도 이슬이 맺히듯 내 마음에도 그대라는 이슬이 맺혔네.'라고 했다. 이 시처럼 우리의 일상에 작은 행복이 맺혀 있다.

  가을로 가는 문턱, 집과 가까운 이호 테우해수욕장에 갔다. 예전에는 이호 해수욕장이라 불렀는데 이름이 바뀌었다. 가끔 가는 해수욕장이다. 파도가 부딪치는 모습도 눈에 들어온다. 평소 느끼지 못했던 기쁨이다. 파도의 리듬과 소리가 마음을 편안하게 해준다. 자연의 소리다. 바다 위에 비행기가 날아가는 광경은 장관이다. 놓치기 아쉬워 주머니에서 핸드폰을 꺼내 들었다. 그저 일상으로만 보였던 이 광경이 새롭게 다가왔다. 파도가 시커먼 돌에 부딪치는 소리는 자연이 고동치는 소리처럼 느껴졌다. 파도 소리는 박자에 맞춰 리듬을 타는 것 같았다. 자연이 주는 신비함에 작은 기쁨을 느꼈다. 바다 냄새, 소금기 섞인 바람, 그리고 발밑에서 느껴지는 모래의 감촉까지. 같이 산책 나온 애완견 둘리 또한 신나서 촐랑거리며 뛰고 있다. 모든 것이 조화롭다. '자연이 이처럼 아름다울 수가 있을까!' 놓치고 있었던 소중한 순간들이 떠올랐다. 지금 순간을 온전히 즐기고 있다는 사실에 감사함을 느낀다.

  바쁘게 살아가다 보면 기쁨을 위한 시간을 따로 내기란 쉽지 않다. 하지만 기쁨은 거창한 계획 속에서가 아니라, 바로 지금 이 순간 속에서 발견할 수 있다. 하루하루의 소소한 순간들, 따뜻한 햇살, 좋아하는 음악, 마음을 나눈 대화 속에서 기쁨을 찾아보자. 그런 작은 기쁨들이 모여 당신의 삶을 더 풍요롭고 따뜻하게 만든다.

감사의 마음으로 시작하자. 기쁨을 찾는 첫 번째 단계는 당신이 가진 것에 감사하는 것이다. 아침에 일어날 수 있는 것, 사랑하는 사람이 함께 있는 것, 웃을 수 있는 것 등 작은 것들을 인식하자. 감사의 마음은 생각을 긍정적으로 바꾸고, 기쁨을 위한 여유를 만들어 준다. 아침에 일어나면 눈을 뜨고 숨을 쉴 수 있고 글을 쓰고 있는 것 또한 감사하다.

작은 일에도 주목하자. 종종 큰 사건이나 성취에만 집중하면서 일상적인 순간을 잊곤 한다. 그러나 가장 작은 일들도 기쁨의 원천이 된다. 따뜻한 햇살, 새의 울음소리, 가족들의 미소 등을 잠깐 멈추어 주목해보자. 이러한 순간에 감사하면 당신에게 놀라운 만족감을 선사할 것이다. 매주 일요일에는 아코디언 동아리가 있다. 오랜만에 휴일 날씨가 좋아서인지 단톡방에 불참한다는 글이 연달아 올라왔다. 잠시 마음이 흔들렸다. 휴일이라 쉬고 싶기도 했지만 이런 좋은 날, 악기를 배울 수 있음에 감사하며 몸을 일으켜세웠다.

즐거운 활동을 하자. 모든 사람에게는 기쁨을 주는 독특한 활동이 있다. 책 읽기, 음악 듣기, 글쓰기, 요리 등 무엇이든 될 수 있다. 이러한 활동에 시간을 할애하면, 스트레스를 줄이고 기분을 좋게 만든다.

자연과 연결하자. 집 근처 아파트 주변을 둘리와 함께 산책하고 있는데 갑자기 머리 위로 뭔가 나무 위에서 떨어진다. 뭐지? 새가 싼 똥이었다. 무슨 특별한 자연의 메시지라도 받은 걸까? 설레는 마음으로 나무 위를 올려다봤더니, 새 한 마리가 유유히 날아가고 있었다. 그런데 그 '흔적'이 머리 위에 남겨져 있었던 걸 깨닫는 순간, 자연과의 연결이란 게 꼭 아름답지만은 않을 수도 있다는 생각이 들었다. 뭐, 이게 바로 자연이 준 특별한 '소통'이라며 웃어넘겼지만, 다음부터는 자연의 메시지를 받을 때 조금 더 대비해야겠다고 마음먹었다. 자연은 늘 새롭고 놀랍다.

다른 사람들과 소통하고 연결하자. 친구와 전화 통화하거나, 가족과 식사하거나, 동료와 친목을 도모해보자. 다른 사람과 연결되면 당신 삶에 의미와 목적을 부여하고, 기쁨의 원천이 된다. 글을 쓰기 시작하면서 모임을 줄였다. 시간을 확보하기 위함이다. 그러나 뜻을 함께하는 사람들과의 만남은 계속된다. 공저 같이 하기로 했다가 중간에 함께 하지 못한 J 작가와의 통화도 의미가 있었다. 하루빨리 건강을 되찾아서 글쓰기를 함께 할 수 있기를 기대한다.

기쁨 일기를 써 보자. 감사할 일, 기쁨을 준 순간, 웃게 만든 것들을 매일 기록해보자. 기쁨 일기를 쓰면 생각이 긍정적으로 바뀌고, 일상적인 순간에서 기쁨을 찾는 데 집중하게 된다. 기쁨 일기를 쓰는 건 마치 스스로에게 보내는 작은 러브레터와 같다. 특히, 아침 45

분 동안의 모닝 일기 시간은 나만의 '비밀 공간'에 들어온 것 같은 느낌을 준다. 결국, 기쁨 일기는 하루를 긍정적으로 바라보는 데 집중하게 만들어주는 친구다. '너 오늘도 참 잘했어, 정말 대단해!' 일기를 쓰며 스스로에게 속삭인다. 바쁜 일상 속에서 놓치기 쉬운 작은 순간들을 소중히 여기자.

🎼 실천 사항

☑ **하루 한 가지 감사한 일 적기**

감사하는 마음으로 하루를 시작하면, 사소한 것도 특별하게 다가온다. 아침이나 잠들기 전, 감사했던 일 한 가지를 적어보자. 그 순간을 떠올리면 마음이 부드러워지고, 일상이 조금 더 빛나기 시작한다.

☑ **일상 속 자연과 눈 맞추기**

자연과의 교감이나 사람과의 소통… 깊은 만족을 얻게 된다.
창문 너머 나무를 바라보거나, 햇살을 얼굴에 느끼는 것만으로도 자연과 연결된다. 매일 5분 만이라도 자연과 눈을 맞추며 고요히 머물러보자.

☑ **오늘 당신의 일상에서 하모니 찾기**

행복은… 평범한 일상 속에서도 충분히 느낄 수 있다. 하루 중 마음이 편안했던 순간을 떠올려보자. 커피 한 잔, 입가에 머금는 웃음도 하모니다. 그것이 곧 행복을 알아차리는 연습이 된다.

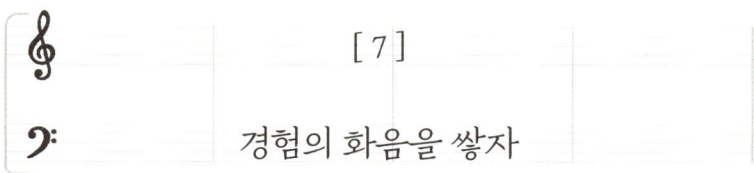

[7]

경험의 화음을 쌓자

'지혜는 경험의 딸'이라는 말이 있다. 경험이 지혜를 얻는 데 중요한 역할을 한다는 의미다. 레오나르도 다빈치는 그가 활동한 다양한 분야에서 빼어난 업적을 이루며 지혜를 얻어냈다. 무한한 창의력과 지혜는 그의 미술, 공학, 과학 등 다양한 영역에서 뛰어난 업적을 남길 수 있는 원동력이었다. 다양한 경험을 통해 얻은 지혜를 강조하는 것으로 이해할 수 있다.

경험은 삶에서 매우 중요한 역할을 한다. 매일 새로운 도전을 하고, 그 속에서 배우며 성장한다. 이 과정에서 겪는 기쁨과 슬픔, 성공과 실패는 단순한 사건이 아니다. 예를 들어 어려운 상황에서 실패했다면, 종종 더 깊은 통찰을 한다. 실패를 통해 자신의 한계를 깨닫고, 더 나은 전략을 세울 기회를 얻는다. 이처럼 경험은 어떤 선택을 하고, 행동할지를 결정짓는 중요한 지침이 된다.

또한, 당신의 판단력을 더욱 깊이 있게 만들어 준다. 젊은 시절 경험이 부족할 때는 쉽게 잘못된 선택을 하기도 한다. 시간이 지나면서 그 경험들이 쌓여 더 현명한 결정을 내리게 된다. 개인의 성장뿐만 아니라, 주변 사람들에게도 긍정적인 영향을 미친다. 경험을 나누고, 그로부터 얻은 지혜를 전함으로써 함께 성장한다. 결국 경험은 더 나은 인간으로 성장하는 데 필수적인 요소다. 과거를 돌아보고, 현재를 반성하며, 미래를 계획하는 능력이 생긴다. 경험이 쌓일수록 인생은 더욱 풍요로워진다.

경험을 통해 어떻게 지혜를 쌓을 수 있을까.
첫째, 실패를 통해 배우는 거다. 실패는 귀중한 교훈의 원천이 된다. 실패 경험을 돌아보며 무엇이 잘못됐는지 분석하고, 그로부터 얻은 교훈을 통해 성장한다. 이를 통해 더 나은 결정을 내릴 수 있는 지혜가 쌓인다. 둘째, 다양한 경험을 쌓는 거다. 다양한 상황과 사람들을 접하며 새로운 경험을 쌓는 것이 중요하다. 여행, 새로운 취미, 다른 직업 경험 등을 통해 넓은 시각을 갖게 된다. 이를 통해 얻은 통찰력이 지혜로 이어진다. 셋째, 자기반성을 한다. 정기적으로 자신을 돌아보는 시간을 가지는 거다. 일기 쓰기, 명상 또는 상담 등을 통해 자신의 감정과 행동을 분석한다. 그 과정에서 깊은 이해와 지혜가 쌓이게 된다.

간접경험을 할 수 있는 기회는 많다. 책, 영화, TV, 강연 등 수많은 기회가 있고 방식도 다양하다. 간접경험의 장점은 시간과 비용을 아낄 수 있다. 또 실패 비용도 아낄 수 있다. 하지만, 얻을 수 있는 경험이 다르다. 성공, 실패 또는 단순히 지식의 전달이더라도, 간접경험을 통해 얻을 수 있는 경험치의 종류와 양은 직접경험하는 것과는 차원이 다르다. 직접 산에 올라 보고, 걸어보고, 여행 가보고, 만나보니까 안다. 새벽 기상을 해보고, 글을 쓰고 있는 걸 보면 알 수 있다. 아무리 상상력이 뛰어나더라도 간접경험이 직접경험을 뛰어넘을 수는 없다.

'건강은 건강할 때 지켜라.'
 수없이 많이 들었다. 누군가의 입을 통해서든, 책을 통해서든, 매개체를 통해서든.
 10월 1일은 국가 공휴일. 국군의 날이다. 개인적으로도 의미가 있는 날이다. 남편하고 33년째 되는 결혼기념일이다. 남편은 먼저 세상을 등지고 갔다. 뭔가 의미 있는 일을 남겨야겠다는 생각이 들었다. 책상에 앉았다. 세상에 태어나 남길 수 있는 게 뭘까를 생각해봤다. 물론 아들과 딸이 있다. 아들·딸에게도 뭔가 남기고 싶다. 엄마의 생각들을 말이 아닌 글로 적어서 세상을 살아가는 데 도움이 됐으면 하는 바람이다.

 2024년 8월. 글쓰기 공부를 시작하면서 '10월 1일에 초고 완성하겠다.' 선언하고 두 달 동안 글을 썼다. 하루에 많은 시간을 투자했다. 여느 때와 마찬가지였다. 아침에 둘리 산책, 돌아오는 길에 동네에 있는 '명당양과'에 들려서 빵을 사고 왔다. 밥하는 시간을 줄이려는 속셈이다. 머신에서 웡~ 하는 소리가 나고, 구수한 향과 함께 커피가 커피잔에 채워졌다. 갓 구워낸 빵과 함께 마시면서 글을 써 내려갔다. 갑자기 속이 울렁거리고 머리까지 아팠다.

화장실로 달려갔다. 속에 있는 음식들을 다 토해냈다. 어릴 때 말고는 이런 일이 처음인 걸로 기억한다. 집에는 아무도 없었다. 잠시 정신을 잃었다. 둘리가 옆에서 움직이는 소리에 깼다. 화장실이었다. 이러다가 죽을 것 같았다. 정신을 차리려고 애썼다. 간신히 일어나 몸을 끌어 냉장고 앞으로 갔다. 냉동실에 얼음이 몇 조각 있었다. 얼음을 이마에 대고 침대에 누웠다. 도저히 머리까지 아파서 아무것도 할 수가 없었다. 잠을 청했다. 3시간 자고 나니 괜찮아졌다. 조금 쉬라는 몸의 신호였다.

사람마다 아침 식사 습관은 다르다. 밥보다 빵을 더 좋아했다. 아침에 빵을 먹어도 아무런 문제가 없었기에 큰 고민 없이 밀가루 음식을 먹었던 것이다. 하지만 체질이 바뀐 걸까, 밀가루 음식이 몸에 좋지 않다는 말을 자주 들었지만, 직접 겪어보니 그 말의 의미가 더 와닿았다. 그날 이후, 몸의 변화를 인정하고 스스로를 더 아끼기로 했다. 직접경험을 통해 몸이 보내는 신호를 알아차렸다.

직접경험하고 얻은 지혜다. 첫째, 경험은 최고의 스승이다. 책이나 조언도 중요하지만, 직접 겪어보는 경험만큼 확실한 배움은 없다. 경험을 통해 얻은 교훈은 인생을 살아가는 데 강력한 나침반이 된다. 둘째, 경험을 통해 성장하려면 열린 마음이 필요하다. 모든 경험에는 배울 점이 있다. 좋은 일이든 나쁜 일이든 생각하기 나름이다. 셋째, 지혜는 경험을 성찰할 때 얻어진다. 단순히 많은 경험을 쌓는 것보다 돌아보고 의미를 찾는 과정이 중요하다. 삶의 순간들을 곱씹으며 얻는 깨달음이 진정한 지혜다.

🎼 실천 사항

☑ **작은 경험도 기록으로 남기기**

직접 겪은 경험이야말로 마음 깊이 새겨지는 배움이 된다. 크든 작든 오늘 겪은 새로운 일을 메모해보자. 처음 만든 요리, 낯선 사람과의 대화, 예상치 못한 실수까지.

☑ **실패에서 배운 점 찾아보기**

실패로 인해 당신이 배운 점을 찾아 적어보는 것이다. 그러면 실패는 끝이 아니라 성장의 일부였음을 깨닫게 된다. 기록은 경험을 정리하고, 배움으로 바꾸는 과정이다.

☑ **경험 뒤 성찰의 시간을 갖기**

경험을 돌아보며 의미를 찾는 과정에서 비로소 지혜를 얻게 된다. 바쁜 하루 중 5분이라도 조용히 앉아 '오늘 내가 겪은 일' 하나를 떠올려 보자. 그 일이 어떤 감정을 남겼는지, 당신에게 어떤 의미였는지를 천천히 되짚어보자.

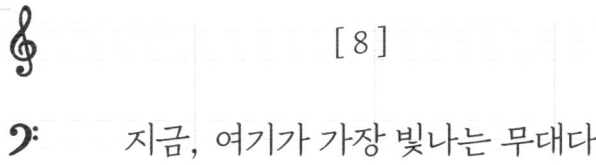

[8]

지금, 여기가 가장 빛나는 무대다

"매 순간을 즐기자."

"삶의 소중함을 일깨워라."

살면서 종종 작은 행복들을 놓치곤 한다. 삶은 특별한 의미가 담겨 있다. 한 모금의 커피에서 느끼는 따뜻함, 친구와의 웃음, 자연의 소리 등, 사소한 일상이 주는 기쁨을 소중히 여기고, 매 순간을 만끽하는 것이 얼마나 중요한가. 우리의 삶은 지나치기 쉬운 작은 순간들의 연속이며, 그 속에서 진정한 행복을 발견할 수 있다.

지금, 이 순간이야말로 가장 빛나는 무대다. '에크하르트 톨레'는 그의 저서 『지금 이 순간을 살아라』에서 "어떠한 일도 과거 속에서 일어날 수 없다"라고 말했다. 종종 미래의 목표에 집중하느라 현재를 놓치곤 한다. 완벽함이라는 환상에 기대어 실망하고, 삶의 진정한 행복을 놓쳐버리기 쉽다. 그렇다면, 어떻게 하면 현재를 온전히 받아들이고 매 순간을 즐길 수 있을까? 그 해답은 삶을 바라보는 호기심에서 시작된다.

매일 맞이하는 현실은 바쁘고 복잡하다. 일 또는 인간관계 등 수많은 목표와 책임에 시달린다. 그러다 보면 어느새 하루하루가 흘러가고 있다는 사실을 잊어버리기 쉽다. '언젠가 내가 이뤄낼 목표가 이루어지면 행복할 것'이라는 생각에 갇혀버리곤 한다. 하지만 그 기대는 언제나 내일로 미뤄지고, 현재의 소중함은 점점 더 멀어져 간다.

　완벽함을 추구하는 마음도 당신을 괴롭힌다. 너무 높은 기준을 설정하고, 그 기준을 충족하지 못할 때마다 실망과 스트레스를 느낀다. 하지만 완벽함은 존재하지 않는다. 작은 실패와 불완전함 속에서도 진정한 기쁨과 성장의 기회가 있다. 현재를 받아들이고 매 순간을 즐기기 위해서는 호기심을 잃지 않는 것이 중요하다. 일상의 사소한 것들에서 기쁨을 찾는다. 작은 순간들을 소중히 여기는 태도가 필요하다.　현재를 살아가는 것 즉, 지금 이 순간을 즐기는 것이야말로 진정한 행복으로 가는 길이다.

　아이들과 함께하는 순간은 값지고 소중하다. 때때로 소통이 힘들거나, 수업 준비에 지쳐버릴 때도 있다. 그럼에도 불구하고 매일매일 새로운 즐거움을 발견한다. 특히 다양한 악기에 대한 호기심을 보일 때면 그 순간이 행복하다.

　피아노 수업이 끝난 후, "원장님! 드럼을 배워보고 싶어요!"라고 말한다. 마음속에는 기쁨이 넘쳐난다. 다양한 악기들을 함께 탐구하며 공유하는 시간이 즐겁다. 열정이 더해져 더욱 활기차게 느껴진다. 수업 중에 각자의 악기를 연주할 때의 그 반짝이는 눈빛을 보면, 그들이 얼마나 큰 호기심을 가지고 있는지 실감한다. 음악이 어설프더라도, 그 과정에서 느끼는 기쁨과 성취감은 크다. 무엇과도 바꿀 수 없는 가치 있는 일이다. 그 순간순간이 쌓여 조금씩 자신감을 얻고, 음악에 대한 사랑을 키워간다. 악기를 배우는 과정에서 서로의 연주를 듣고 영감을 주고받는다. "나는 이 악기가 좋아!"라고 외치며 각자의 개성과 취향을 발견한다. 음악이 단순한 기술이 아닌 감정과 소통의 매개체임을 느낀다.

  지금의 나는 가끔 그 시절을 떠올린다. 어린이집에서 아이들과 하루를 보내고, 집에 돌아와 다시 '엄마'로 살아야 했던 시간들. 하루에 두 번 무대에 올라야 했던 나날이었다.

  낮에는 선생님으로서 아이들의 눈높이에 맞춰 세상을 바라보고, 밤에는 엄마로서 내 아이의 하루를 껴안아 주었다. 그 작은 어깨에 이 많은 이름들을 얹고도 버틸 수 있었던 건, 아마도 아이들이 보여준 웃음과 나를 믿고 따르던 그 순수한 눈빛 때문이었다.

  사실, 힘들었다. 몸이 천근만근 무거운 날도 많았고, 어느 날은 나 자신이 너무 작고 초라하게 느껴지기도 했다. 그래도 멈추지 않았다. 틈날 때마다 책을 펴고, 강의를 들으며 배움을 이어갔다. 희망이 금방 손에 잡히지는 않았지만, 포기하지 않는 연습은 누구보다 많이 했다.

그 시절이 지금의 나를 만들었다. 두 개의 이름을 동시에 지녔던 시간. '엄마'라는 이름, '선생님'이라는 이름. 그 안에 담긴 책임과 사랑, 지침과 성장. 그 무대 위에서 매일같이 넘어지고 다시 일어나기를 반복했다. 지금의 나는 더 이상 매일같이 두 무대를 오가지는 않지만, 그 시절의 나를 마음속 깊이 안고 살아간다. 누군가를 돌보며 배운 사랑, 스스로를 잃지 않기 위해 지켜낸 시간. 그 무대는 작고 소란스럽고 고단했지만, 지금 생각해 보면 그 어떤 공연보다 뜨겁고 눈부셨다. 두 이름으로 불렸던 그 시절, 분명 누구보다 멋진 무대 위에 서 있었다.

'엄마와 선생님'이라는 두 이름으로 살아낸 시간은 가장 단단하게 만든 무대였다. 누구나 인생에서 여러 역할을 오가며 지치고 흔들릴 때가 있지만, 그 안에도 분명 배움과 성장이 숨어 있다. 지금 당신이 서 있는 자리, 그 평범해 보이는 일상도 누군가에겐 커다란 의미가 있다. 포기하지 않고 하루를 살아내는 당신, 이미 충분히 빛나고 있다. 지금의 무대에서 최선을 다하는 당신을 응원한다.

🎼 실천 사항

☑ **평범한 하루에도 감사할 것 찾기**

하루가 아무 일 없는 평범한 날이라 해도, 그 안에 감사할 것들은 가득하다. 눈에 띄는 성과가 없어도 괜찮다. 당신을 향해 웃어준 사람들의 얼굴 같은 작고 고운 순간들을 떠올려 보자.

- ☑ **지금 이 순간에 몰입해보기**

  삶은 특별한 날에만 반짝이지 않는다. 지금 하고 있는 일에 집중해 보자. 현재에 몰입하는 시간은 삶을 더 깊고 풍요롭게 바꿔준다.

- ☑ **작더라도 새로운 시도 해보기**

  늘 가던 길 대신 다른 길로 걸어보거나, 해보지 않았던 요리에 도전해보자. 크지 않아도 괜찮다. 새로운 시도는 삶에 작은 물결을 만들고, 당신을 조금 더 단단하게 한다.

마치는 글

지금, 다시
삶의 리듬을 시작할 시간

인생이라는 무대 위에 올라 하루하루를 살아간다. 누군가는 환한 조명 아래에서 주인공처럼 서 있지만, 누군가는 무대 뒤에서 조용히 자신의 장면을 준비하며 살아간다.

"이제 와서 뭘 더 시작하겠어?"

그 말은 낯설지 않다. 어느 정도 나이가 되면, 새로운 시작이 대단한 용기로 여겨지기 마련이다. 두려움이 만든 말일뿐이다. 인생의 악보는 아직 끝나지 않았다는 사실이다. 수많은 도전 앞에서 흔들린 시간들이 있었다. 남편의 사업 실패와 죽음, 음악학원 개원 초기의 막막함, 그리고 예상치 못한 생활고. 삶은 때로 불협화음처럼 느껴졌다. '과연 다시 시작할 수 있을까?'라는 의문이 마음을 짓누르던 날들이 있었다. 그럼에도 걸음을 멈추지 않았다.

이 책을 쓰는 동안, 지나온 인생의 악보를 천천히 넘겨보았다. 실패의 순간, 미완성의 시간, 뜻밖의 전환점까지. 그 모든 시간이 삶의 멜로디였음을 알게 된다. 때로는 낮고 묵직하게, 때로는 가볍고 경쾌하게 흐르던 음악처럼.

　삶의 불협화음 속에서도 포기하지 않았던 이유는 아직 연주되지 않은 선율이 분명히 존재했기 때문이다. 음악학원을 운영하는 시간 속에서 알게 되었다. 기술을 가르치는 일을 넘어, 누군가의 꿈을 함께 연주하는 일이었다. 그 과정 속에서 다시 배우고, 성장하고, 잃었던 삶의 박자를 되찾을 수 있었다. 매일 피곤한 몸을 이끌고 돌아오는 길에 "오늘도 나답게 살아낸 하루였구나"라는 조용한 확신이 작은 힘이 되어주었다. 꿈은 반드시 무대 위에서만 피어나는 것이 아니었다. 느리게 걷는 일상, 조용히 건반을 누르는 순간, 누군가와 마음을 나누는 대화 안에서도 멋진 연주는 계속되고 있었다. '늦었다'는 말을 더 이상 믿지 않는다. 지금 이 순간이야말로 가장 빠른 출발점임을, 삶이 가르쳐 주었다. 완벽한 준비는 필요하지 않다. 단 하나, '진심으로 살아 보겠다'는 다짐이면 된다.
　아직 시작하지 못한 꿈이 있다면, 이제 첫 음을 꺼내어 연주해도 좋다. 무대는 이미 눈앞에 펼쳐져 있다. 조명이 없더라도, 관객이 없어도 괜찮다. 중요한 건 바로 그 무대 위에 서 있다는 사실. 그리고 각자의 박자로 삶을 연주하고 있다는 사실이다.

　악보를 다시 펼치는 마음으로 이 책을 써 내려갔다. 지난 시간을 되돌아보며, 그 모든 순간이 헛되지 않았음을 확인했다. 조금은 엇

나갔던 길도 결국 더 깊은 울림을 만들어주었다. 그 깊이만큼 이제는 누군가에게 따뜻한 떨림을 전할 수 있는 사람이 되어 있었고, 이 이야기를 글로 남기기로 했다.

  음악을 가르치는 일은 곧 삶을 다시 배우는 일이었다. 학생들의 눈빛 속에서, 꿈을 향해 나아가는 성장의 모습에서, 멈췄던 삶의 선율이 다시 흐르기 시작했다. 매일의 반복되는 일상 속에서도 나답게 살아가고 있다는 감각, 그건 무엇과도 바꿀 수 없는 소중한 선물이었다.

  삶은 언제나 예상치 못한 불협화음과 마주하게 한다. 뜻대로 흐르지 않는 순간들, 길어진 쉼표 앞에서 멈춰버린 시간들. 그럴 때마다 다시 악보를 펼치면 된다. 느리더라도 한 음씩 짚어가며 자신의 리듬으로 연주해 나간다면, 결국 그 모든 시간이 단단한 화음이 되어 돌아온다. 이 책이 당신에게 작지만 든든한 용기가 되기를 바란다. 거창한 목표가 아니어도 괜찮다. 하루에 단 한 줄을 읽고, 단 하루라도 삶을 돌아보면 그걸로 충분하다. 각자의 무대에서, 각자의 박자와 리듬으로 살아가면 된다.

  책의 마지막 장을 덮으며 질문을 건넨다.
  "당신의 삶에는 지금 어떤 멜로디가 흐르고 있는가?"
  혹시 아직 시작하지 못한 꿈이 있다면, 그 꿈의 첫 음을 꺼내어 연주해 보자. 화려한 조명도, 관객도 필요 없다. 중요한 건, 지금 이 순간 무대 위에 서 있다는 사실. 그리고 누구도 대신할 수 없는 '자신만의 연주'를 하고 있다는 것이다. 변화의 가능성을 마주한 모든 이에게 진심을 담아 응원의 박수를 보낸다. 삶의 리듬을 다시 시작해도 늦지 않았다고.

마지막으로, 함께 걸어준 이들에게 감사를 전한다. 책을 완성하기까지 많은 이들의 응원과 격려가 큰 힘이 되었다. 따뜻한 조언으로 방향을 제시하고, 흔들릴 때마다 묵묵히 곁을 지켜준 이은정 교수에게 감사를, 처음부터 끝까지 신뢰와 격려로 함께해 준 미다스북스 김은진 팀장외 관계자에게도 고마움을 전한다. 집필하는 동안 수없이 망설이고 멈춰 섰던 순간마다 다시 한 줄, 한 장을 써 내려가는 힘이 되어 주었다. 무엇보다 마지막 페이지까지 읽어준 당신에게 감사하다. 이 책이 마음에 잔잔한 울림이 되었기를. 그 울림이 또 다른 누군가에게 퍼져나가기를.

"지금, 다시 삶의 리듬을 시작할 시간이다."
"그 무대 위에서, 당신만의 연주가 아름답게 흐르기를."

2025년 초여름
하모니 강숙아